Die formale Versicherung
nach der
Reichs-Versicherungs-Ordnung

Inaugural-Dissertation

der

juristischen Fakultät

der

Friedrich-Alexander-Universität zu Erlangen

vorgelegt von

Otto Feucht

aus Cöln.

Approbiert am 20. Mai 1913.

BONN 1914

A. Marcus und E. Webers Verlag.

Referent: Universitäts-Professor Dr. Ricker.

Mit Genehmigung der Fakultät wird hier nur ein Teil der Dissertation veröffentlicht, die ganze Arbeit erscheint demnächst in den „Kölner Studien".

Die formale Versicherung nach geltendem Recht.

Erster Teil.

§ 5. Die formale Versicherung in der Krankenversicherung.

Entstehungsgeschichte. Das neue Recht der RVO. hat sowohl den Fall, in dem es an den materiellen Voraussetzungen der Versicherungspflicht oder Versicherungsberechtigung überhaupt gebricht, als auch den, wo die Versicherungsfähigkeit objektiv zwar vorhanden, die Versicherung jedoch bei einer unzuständigen Kasse erfolgt ist, zum Gegenstand gesetzlicher Regelung gemacht. Die bereits im ersten Abschnitt behandelten Meinungsverschiedenheiten übten ihren Einfluß auch auf den Gesetzgeber aus, was daraus erhellt, daß der nunmehr in der RVO. vorhandene Grundsatz der formellrechtlichen Versicherung solcher Personen, die weder versicherungspflichtig noch -berechtigt sind, sich weder im Entwurf noch in der Begründung fand, sondern erst durch die Reichstagskommission und später durch das Plenum des Reichstags in das Gesetz eingefügt wurde. Der Kommission lag in erster Lesung der Antrag vor, folgenden Paragraphen einzufügen:

§ 328a.

Hat eine Kasse für einen angeblich Versicherungspflichtigen nach vorschriftsmäßiger Anmeldung drei Monate ununterbrochen und unbeanstandet die Beiträge angenommen und stellt sich, während der Versicherte die Krankenhilfe der Kasse beansprucht, heraus, daß er nicht versicherungspflichtig gewesen ist, so muß die Kasse trotzdem die satzungsgemäßen Leistungen gewähren. Dies ist ausgeschlossen, wenn der Kasse absichtlich eine unrichtige Anmeldung gemacht worden ist.

Dieser Antrag fand folgende Begründung [1]: Es kämen nicht selten Fälle vor, in denen eine Person in der Annahme, versicherungspflichtig zu sein, jahrelang Beiträge entrichte. Wenn dann bei irgend einem Anlaß die Versicherungspflicht und -berechtigung verneint werde, erhalte der Versicherte weder die Kassenleistungen noch würden ihm die irrtümlich geleisteten Beiträge zurückerstattet. Das sei um so unbilliger, als bei zeitiger Erkenntnis des Irrtums der Versicherte die Möglichkeit gehabt haben würde, sich bei einer Hilfskasse zu versichern. Wenn die Kasse irrtümlich die Beiträge längere Zeit annehme, müsse sie auch das Risiko tragen.

Darauf erwiderte ein Vertreter der Regierung:

Der Entwurf schütze in § 327 den Versicherungspflichtigen dagegen, daß er infolge des Nebeneinanderbestehens mehrerer Krankenkassen und der Ungewißheit, zu welcher dieser Kassen er gehöre, Schaden leide. Dieser Schutz entspreche in allen Fällen der Billigkeit. Anders liege es jedoch, wenn eine nichtversicherungspflichtige Person an eine Krankenkasse Beiträge zahle. Handle es sich hier um einen Fall, in dem die Versicherungspflicht objektiv zweifelhaft und die Entrichtung und Entgegennahme der Beiträge in der hiernach gutgläubigen Annahme der Versicherungspflich erfolgt sei, so könne eine Sicherung des Unterstützungsanspruchs entsprechend der Bestimmung des § 327 ebenfalls wohl noch als billig und unbedenklich gelten. Auf diese Fälle beschränke sich jedoch der Antrag seiner Fassung nach nicht. Nach dieser Fassung müsse man befürchten, daß schon ein Einverständnis des Kassenvorstandes und des Dritten, der tatsächlich weder versicherungspflichtig noch -berechtigt sei, über die Versicherung zur Anwendung der Vorschrift genüge. Wenn dieses subjektive Ermessen entscheide, so sei der Boden für willkürliche Begünstigungen sowie für eine Ausdehnung des Versicherungskreises über die Absicht des Gesetzes hinaus gegeben, und es werde auch der Aufsichtsbehörde nicht möglich sein, einzuschreiten. Erkenne dagegen der Kassenvorstand im Falle des

---

1) Kommissionsberichte, Teil 2 S. 199, 104.

§ 327 pflichtwidrig die Versicherungspflicht an, so sei durch die objektive Voraussetzung der Versicherungspflicht ein Einschreiten der Aufsichtsbehörde ermöglicht. Dem Antrag könne man daher in der jetzigen Fassung nicht zustimmen. Gegen eine, auf den erwähnten Fall eines entschuldbaren Irrtums seitens des Kassenvorstandes und des Versicherten beschränkte Erweiterung der Vorschrift des § 327 werde man dagegen kaum Bedenken haben, wenngleich ein dringendes Bedürfnis für diese Erweiterung der Vorschrift nicht anerkannt werden könne. Zunächst werde durch die Beiträge das Risiko der Erkrankung immerhin bis zu dem Zeitpunkte gedeckt, in dem festgestellt werde, daß eine versicherungspflichtige Beschäftigung nicht vorliege. Auch handle es sich nur um Leistungen von kürzerer Dauer und geringerem Werte, so daß auch insofern das Fehlen einer Vorschrift über Rückerstattung der Beiträge oder Gewährung der Leistungen in diesen Fällen zu erheblichen Bedenken keinen Anlaß gebe. Auf dem Gebiete der IV. sei wegen der dortigen dauernden Leistungen eine ausdrückliche Regelung nötig gewesen.

Bei der Abstimmung wurde der Antrag angenommen.

In zweiter Lesung wurde beantragt, den beschlossenen § 328a als § 225a in folgender abgeänderter Fassung aufzunehmen:

§ 225a.

Hat eine Kasse für eine Person nach vorschriftsmäßiger Anmeldung drei Monate ununterbrochen und unbeanstandet die Beiträge angenommen und stellt sich nach Eintritt des Versicherungsfalls heraus, daß sie nicht versicherungspflichtig und nicht versicherungsberechtigt gewesen ist, so muß ihr die Kasse gleichwohl die satzungsmäßigen Leistungen gewähren, es sei denn, daß die Anmeldung vorsätzlich unrichtig geschehen ist.

Dieser lediglich aus Rücksichten redaktioneller Anordnung eingebrachte Antrag wurde angenommen, wie aus gleichen Gründen beschlossen wurde, den Halbsatz „es sei denn, daß usw." durch die hinter „vorschriftsmäßiger" erfolgende Einschiebung „und nicht vorsätzlich unrichtiger" zu ersetzen.

Es war erforderlich, die Begründung, insbesondere die des Regierungsvertreters, die nicht befriedigen kann, etwas ausgiebiger heranzuziehen, um einmal zu zeigen, welche Erwägungen eine gesetzliche Regelung dieser Rechtsmaterien notwendig erscheinen ließen, sodann, welcher Anstrengungen es bedurfte, einer zweifellos sozial ausgleichend wirkenden Vorschrift, mit der sich die Regierung nicht befreunden zu können schien, Aufnahme in das Gesetz zu verschaffen.

Die RVO. ermöglicht nunmehr das Zustandekommen eines formellrechtlichen Versicherungsverhältnisses sowohl bei fehlender Versicherungspflicht oder Versicherungsberechtigung (§ 213 a. a. O.) als auch bei zwar vorhandener Versicherungspflicht, jedoch irrtümlicher Beitragszahlung bei der unzuständigen Kasse (§§ 315, 316).

Ihre Entstehung und Wirkung:

1. bei fehlender Versicherungspflicht oder Versicherungsberechtigung.

Um ein formellrechtliches Versicherungsverhältnis zu erzeugen, ist nach § 213 zunächst erforderlich, daß die zu versichernde Person vorschriftsmäßig und nicht vorsätzlich unrichtig angemeldet ist. Die zur Bezeichnung dieser Erfordernisse gewählte Fassung des Paragraphen ist nicht als besonders glücklich zu bezeichnen; da nämlich eine vorschriftsmäßige Anmeldung gesetzlich nur bei versicherungsberechtigten Personen gemäß §§ 310, 313 und bei versicherungspflichtigen Personen nur nach Vorschrift der §§ 317 bis 319 verlangt werden kann, so kann naturgemäß von Vorschriftsmäßigkeit nicht mehr die Rede sein, wenn es sowohl an einer Pflicht wie einer Berechtigung zur Versicherung fehlt. Der Wille des Gesetzgebers kann nur so verstanden werden, daß die Anmeldung in den Formen zu halten ist, wie sie allgemein für die Versicherten vorgeschrieben sind; sie wird vor allem einen bestimmten Willen erkennen lassen, unter Umständen schriftlich erfolgen und die zur Berechnung der Beiträge durch die Satzung bestimmten Angaben enthalten müssen. Vorschriftsmäßig ist daher eine Anmeldung, wenn sie in den wesentlichen Punkten den gesetzlichen und satzungsgemäßen Anforderungen formell genügt [2]).

Weiter wird vom Gesetze erfordert, daß die Anmeldung nicht vorsätzlich unrichtig erfolgt ist. Es soll durch diese Bestimmung einer arglistigen Erschleichung vorgebeugt werden. Anderseits verhindert ein grob oder leicht fahrlässiges Verhalten bei der Anmeldung nicht, daß eine formale Versicherung bei Vorliegen des sonst notwendigen Tatbestandes zustande kommt. Hat daher der Arbeitgeber oder Versicherte in gutem Glauben, die Versicherungsfähigkeit sei vorhanden, oder in der irrigen Annahme, die gegebenen Verhältnisse begründeten eine Versicherungspflicht oder -berechtigung, die Anmeldung bewirkt, so wird dadurch der Eintritt eines Entschädigungsanspruchs gegebenenfalls nicht gehindert.

Die Befürchtung, man werde durch diese Bestimmung den Kreis der versicherten Personen über den Willen des Gesetzgebers hinaus ausdehnen, ist bei dieser Fassung allzu sehr begründet. Denn man wird mit Sicherheit darauf rechnen können, daß vorsätzlich unrichtige Anmeldungen in steigender Zahl erfolgen werden, wenn der Anmeldende weiß, daß eine besonders reichliche Entschädigungen gewährende Kasse durch jenen § 213 zu seinen Gunsten gebunden ist, da s i e die dolose Absicht des Versicherten zu beweisen hat, was ihr in den seltensten Fällen gelingen dürfte.

Zur Entstehung des formellrechtlichen Versicherungsverhältnisses ist die andere Voraussetzung erforderlich, daß nach jener einwandfreien Anmeldung die Beiträge von der Kasse drei Monate, d. h. für den Zeitraum von drei Monaten, ununterbrochen und unbeanstandet angenommen worden sind. Die Frist von drei Monaten soll für die Kasse eine Schutzfrist sein, weil man annahm, sie würde während dieser Zeit imstande sein, zweifelhafte Anmeldungen auf ihre versicherungsfähigen Grundlagen hin zu prüfen. Tatsächlich wird dieser Zeitraum, insbesondere bei stark in Anspruch genommenen Kassen, wie es bei den Zentralisationsbestrebungen der RVO. die meisten sein werden, in keiner

---

2) Hahn, Handbuch der Krankenversicherung, 1912, S. 288.

Weise ausreichend sein. Die Folge wird sein, daß alle irgendwie verdächtigen Fälle nicht, wie man wollte, einer eingehenden Prüfung unterzogen, sondern die Beitragsleistungen einfach beanstandet werden. In dem nunmehr folgenden Streitverfahren wird sich dann die Versicherungspflicht oder -berechtigung bezw. Versicherungsunfähigkeit des Angemeldeten herausstellen. Praktisch bedeutet diese Vorschrift also die Abwälzung der Prüfungspflicht, die gesetzlich den Krankenkassen obliegt, auf die Versicherungsämter (§ 405 Abs. 2). Es ist einleuchtend, daß durch eine derartige Handhabung die Möglichkeit, Unbilligkeiten, wie sie im bisherigen Recht ohne eine solche Bestimmung nicht selten waren, zu vermeiden, wieder beseitigt wird.

Treffen diese Voraussetzungen zu, so hat der Angemeldete, selbst wenn sich nach Eintritt des Versicherungsfalls herausstellt, daß er weder versicherungspflichtig noch versicherungsberechtigt gewesen ist, einen Anspruch auf die satzungsmäßigen Leistungen. Fällig wird die Krankenhilfe also stets bei Eintritt des Versicherungsfalls; als solcher kommen in Betracht Krankheit, Arbeitsunfähigkeit, Niederkunft und Tod. Bis zum Eintritt des Versicherungsfalls hat die Krankenkasse daher jederzeit die Möglichkeit, die geleisteten Beiträge zurückzuzahlen und die Versicherungsfähigkeit zu bestreiten; die geleisteten Beiträge sind nur insoweit zurückzuerstatten, als sie nicht verjährt sind (§ 29 Abs. 2).

Nach Eintritt des Versicherungsfalls hat beim Vorliegen der erforderlichen Voraussetzungen der Versicherte einen Anspruch an die Kasse, — wozu nach § 500 auch die knappschaftlichen Krankenkassen, aber nicht die Ersatzkassen gehören —, ihm die satzungsmäßigen Leistungen zu gewähren. Es sind demnach nicht nur die gesetzlichen Regelleistungen zu gewähren, sondern wie sie nach näherer Vorschrift des § 321 Ziffer 2 in der Satzung bestimmt sind, die nach § 179 Abs. 3 über den Normalsatz des Gesetzes hinaus gewisse Mehrleistungen einführen, wie auch gemäß §§ 188, 192 Beschränkungen eintreten lassen kann. Die Bestimmung des § 208 gewinnt daher für die Kassen eine um so größere Bedeutung, als sie von der dort gegebenen Möglichkeit, satzungsgemäß den Anspruch auf Mehrleistungen erst nach einer Wartezeit von höchstens sechs Monaten nach dem Beitritt entstehen zu lassen, für die Fälle formaler Versicherung Gebrauch machen kann, da eine mehrmonatliche Karenzzeit von vorsätzlich unrichtigen Anmeldungen abschrecken dürfte; denn wenn die besonderen Vorteile einem formell Versicherten erst nach einem gewissen Zeitraum zuteil werden, so wird der Anreiz zu dolosem Handeln sicherlich gedämpft, wenn nicht ganz genommen sein.

Die Kasse ist nach Eintritt des Versicherungsfalls zu den satzungsmäßigen Leistungen bis zur Erledigung eines etwa anhängigen Streites über die Kassenzugehörigkeit einer Person endgültig verpflichtet, so daß ein Ersatzanspruch mangels ausdrücklichen gesetzlichen Vorbehalts ausgeschlossen erscheint.

Die entstandene formale Versicherung begründet nur einen Anspruch auf die satzungsmäßigen Leistungen, also keine Mitgliedschaft und die aus ihr resultierenden Rechte, wie aktives und passives Wahlrecht, Weiterversicherung usw. Ist nach Eintritt des Versicherungsfalls eventuell in Gemäßheit des § 405 Abs. 2 festgestellt, daß weder Versicherungspflicht noch Versicherungsberechtigung gegeben war, so ist die Kasse zwar leistungsfähig; hat sie aber ihrer Pflicht genügt, so tritt als Folge jener Feststellung die Lösung des Versicherungsverhältnisses ein. Hanow [3]) läßt sofort nach der Gewährung der Leistungen eine Lösung der Beziehungen des Unterstützten nicht nur zu der Krankenkasse, sondern überhaupt zur Krankenversicherung eintreten. Für die Folge gehöre er weder zu den versicherungspflichtigen noch zu den -berechtigten Personen. In dieser Allgemeinheit wird seine Auffassung nicht zutreffend sein. Es wird jedenfalls eines Feststellungsverfahrens bedürfen, um den Grund für die Lösung des Verhältnisses einwandfrei feststellen zu können. Eine bloße Vermutung der Versicherungsunfähigkeit oder die einseitige Aufkündigung der Versicherung durch die Kasse wird zur Lösung der Beziehungen des Unterstützten zu ihr nicht ausreichend sein.. Dieser Umstand schließt eine spätere, nochmalige Entstehung eines formalen Versicherungsverhältnisses nicht aus; denn es wäre

3) Kommentar zur RVO .Bd. 2 Anm. 1 zu § 213, S. 223.

nicht einzusehen, weshalb nicht bei Erfüllung des erforderten Tatbestandes dieselbe Person, falls sie ein anderes Arbeitsverhältnis eingegangen ist oder sich sonstwie in ihren Verhältnissen unwesentliche Verschiebungen vollzogen haben, erneut, vielleicht im besten Glauben an ihre Versicherungsfähigkeit, ihre Anmeldung und Beitragsleistung bei dieser oder einer anderen Kasse erwirken könnte. Es kommt letzten Endes doch stets auf das Verhalten der Kasse an.

Von großer Bedeutung ist in derartigen Fällen die Frage nach der Rückforderung der Beiträge einerseits und der eventuell gewährten Leistungen anderseits. Ist eine Anmeldung vorsätzlich unrichtig bewirkt worden, so steht der Kasse, falls sie in Unkenntnis der dolosen Absicht Unterstützung gewährt hat, ein Regreßanspruch gegen den Anmeldenden zu (§ 823 BGB.); ist aber auch ihr der dem Anmeldenden bekannte Mangel der Versicherungsfähigkeit der in Frage stehenden Person nicht verborgen geblieben, so wird ihr ein Anspruch auf Rückerstattung des Geleisteten versagt bleiben müssen (§ 814 BGB.). Eine fahrlässig durch den Arbeitgeber bewirkte Anmeldung wird nach richtiger Meinung [4]) der Kasse einen Ersatzanspruch nicht gewähren. Wenn auch eine grob oder leicht fahrlässig vollzogene Anmeldung die Kasse zur Unterstützung verpflichtet, da eine derartige Handlungsweise dem hilfsbedürftigen Arbeiter nicht zur Last fallen soll und weiter nach § 823 BGB. Fahrlässigkeit zum Schadensersatze verpflichtet, so wird doch gerade zufolge der Bestimmung des § 213, der die einem fahrlässigen Handeln sonst zukommende Bedeutung außer acht läßt, ein Anspruch auf Schadloshaltung entfallen müssen, da die Kasse während der ihr zugestandenen Schutzfrist in die Möglichkeit versetzt ist, durch die ihr obliegende Prüfungspflicht einen Schaden abzuwenden.

Wie schon gesagt, kann die Kasse jederzeit vor Eintritt des Versicherungsfalls sich vor einer zukünftigen Unterstützungspflicht dadurch bewahren, daß sie das Versicherungsverhältnis bestreitet. Ist in dem nunmehr folgenden

---

4) Stier-Somlo, Zentralblatt der Reichsversicherung 1912, S. 410; von Frankenberg, Kommentar zur Krankenversicherung der RVO. 1912, S. 106.

Streitverfahren festgestellt, daß weder Versicherungspflicht noch Versicherungsberechtigung vorliegt, so kann derjenige, der die Beiträge entrichtet hat, dieselben als ohne Grund entrichtet zurückverlangen (§ 812 BGB.). Nach Hahn [5]) handelt die Kasse vorsätzlich wider das Gesetz, wenn sie, sobald der Irrtum festgestellt ist, noch weiterhin Beiträge annimmt; sie muß die Beiträge zurückweisen und es können, wenn sie es unterläßt, daraus Leistungsansprüche in einem später eintretenden Versicherungsfall nicht mehr hergeleitet werden. Auch in diesem Falle wird ein Rückerstattungsanspruch wegen ungerechtfertigter Bereicherung gegeben sein, der also stets demjenigen, der Beiträge entrichtet hat, solange zusteht, als die Kasse Unterstützungen nicht gewährt hat. Sind dagegen Leistungsansprüche gestellt und erfüllt worden, so ist eine Rückforderung der geleisteten Beiträge, da eine grundlose Bereicherung nicht vorliegt, nicht mehr möglich [6]). In diesem Falle wird m. E. trotz der von seiten der Kasse bereits gewährten Unterstützung der Rückerstattungsanspruch auf die geleisteten Beiträge nach § 812 BGB. gegeben sein. Denn die Anwendbarkeit dieses Paragraphen setzt voraus, daß die ungerechtfertigte Vermögensverschiebung ohne rechtlichen Grund erfolgt ist. Ein Mangel des rechtlichen Grundes ist aber neben anderen Möglichkeiten auch dann vorhanden, wenn ein Rechtsgrund irrtümlich angenommen worden ist. Hat daher der Angemeldete in der irrigen Annahme, er sei versicherungspflichtig oder versicherungsberechtigt, seine Beiträge entrichtet, so entbehren seine Leistungen des rechtlichen Grundes; folglich steht ihm die condictio indebiti zu. Hat der Versicherte die Beiträge entrichtet, so ist die Kasse allerdings berechtigt, den auf Rückerstattung der Beiträge gerichteten Anspruch gegen die ihr zustehende Rückforderung der zu Unrecht erfolgten Unterstützungen aufzurechnen, was nach § 387 BGB. nur für die gewährten Barleistungen — Kranken- und Sterbegeld — möglich ist [7]). Ein weiter-

5) Handbuch der Krankenversicherung 1912, S. 288.

6) So Stier-Somlo a. a. O. S. 410.

7) Ebenso Hanow, Anm. 6 zu § 213 S. 224 und Anm. 12c zu § 405 S. 527.

gehender Anspruch auf Wertersatz der gewährten Naturalleistungen gemäß § 818 Abs. 2 BGB. ist der Krankenkasse wohl zu versagen. Zwar wird man annehmen müssen, daß der zu Unrecht Versicherte auch dann noch bereichert ist, wenn er die erlangten Heilmittel verbraucht, da er dadurch andere sonst notwendige Ausgaben erspart hat [8]. Durch eine Wertersatzpflicht der empfangenen Naturalleistungen jedoch würde der Zweck des § 213, mit Rücksicht auf die während einer längeren Zeit entrichteten Beiträge gegebenenfalls eine wirksame Krankenhilfe zu gewährleisten, vereitelt sein; nur bei arglistiger Anmeldung wird man auch diesen weitergehenden Rückerstattungsanspruch der Kasse zuerkennen müssen. Es wird die für die formale Versicherung eigens geschaffene Unterstützungspflicht nach erfolgter Leistung umgekehrt nicht zu Regreßansprüchen gegen den Versicherten führen können, da dann ja nicht die Kasse, sondern er selbst die Kosten der Heilung trägt.

Anders gestalten sich nach Lösung des Versicherungsverhältnisses die Beziehungen zwischen Krankenkasse und Arbeitgeber, der die Beiträge für den vermeintlich Versicherungspflichtigen entrichtet hat, wozu er nach § 393 RVO. verpflichtet ist. Für seinen Beitragsteil wird auch ihm in gleicher Weise wie dem Versicherten die condictio indebiti zustehen. Während bei jenem aber zugunsten der Kasse eine Aufrechnungsmöglichkeit wenigstens gegen die bewirkten Barleistungen angenommen werden mußte, wird man ihr hier diese Berechtigung versagen müssen; denn nach § 387 BGB. ist Voraussetzung für die Aufrechnung, daß der Schuldner der einen Forderung Gläubiger der anderen Forderung ist. Zwar ist nach der Fassung des § 393 RVO. der Arbeitgeber der Kasse gegenüber Schuldner sowohl für seinen eigenen Beitragsteil wie auch den seines versicherungspflichtigen Arbeiters. Indessen ist dies nur eine Ordnungsvorschrift insofern, als in der Tat durch dieses Verfahren die Beitragseinzahlung und der Kassenbetrieb wesentlich vereinfacht werden. Im übrigen ist der eigentliche Schuldner stets der Versicherte selbst, wenigstens für seinen Anteil, wie sich auch aus der Bestimmung des § 398 RVO. ergibt.

8) RGZ. 54, 137; 60, 291.

Der Arbeitgeber ist aber auch weiterhin nicht Gläubiger der anderen Forderung, d. h. nicht e r kann im Versicherungsfalle die Gewährung der satzungsgemäßen Unterstützung verlangen, sondern nur der Versicherte. Infolge der fehlenden, jedoch notwendigen Personengleichheit muß also eine Aufrechnung gegen die Arbeitgeberbeiträge durch die Kasse ausgeschlossen bleiben. In diesem Falle wird die Krankenkasse zur Rückerstattung der Unternehmerbeiträge verpflichtet sein[9]. Während der Dauer der Krankenhilfe gegenüber einem formell Versicherten sind wie im Falle der Versicherungspflicht die Beiträge fortzuentrichten, falls nicht Arbeitsunfähigkeit eingetreten ist (§ 383 RVO.)[10]. Auf den tatsächlichen Bezug kommt es nicht an, sondern die Dauer des Rechts auf Krankenhilfe ist maßgebend[11]. Bei Erfüllung der Voraussetzungen des § 213 steht dem nunmehr formell Versicherten im Unterstützungsfall das Recht auf Krankenhilfe zu, das bei nicht völliger Arbeitsunfähigkeit die Pflicht zur Weiterentrichtung der Krankenkassen-Beiträge nicht ausschließt. Nach Gewährung der erforderlichen Unterstützung wird die Beziehung der Krankenkasse zum Versicherten gelöst, womit erst die Verpflichtung zur Beitragsleistung fortfällt.

V o r Ablauf jener Schutzfrist von drei Monaten ist die Entstehung eines formellrechtlichen Versicherungsverhältnisses unter allen Umständen ausgeschlossen. Hat die Kasse trotzdem während dieses Zeitraums Unterstützungen gewährt, weil ihr der Mangel der Versicherungsfähigkeit nicht bekannt war, so kann sie diese zurückfordern und zwar in ihrem gesamten Umfange[12]. Hier wäre natürlich eine condictio indebiti unter Anwendung der Aufrechnungsgrundsätze möglich, wobei ein Wertersatzanspruch der Kasse für die gebrauchten Heilmittel nach § 818 Abs. 2 begründet sein würde. Denn der Lauf der dreimonatlichen Schutzfrist verhinderte jede Möglichkeit des Entstehens eines formalen

9) Ebenso Hanow a. a. O.

10) So auch Stier-Somlo a. a. O. S. 410.

11) Sächs. OVG.-Entsch. vom 2. Mai 1908; Reger 29, 231; Bad. Verwaltungsgerichtshof-Entsch. vom 22. Juni 1909; Reger 30, 245.

12) So auch Hanow, Anm. 4 zu § 213, S. 223.

Versicherungsanspruchs überhaupt, da nach ausdrücklicher Bestimmung des Gesetzes dieser erst bei einem Versicherungsfalle rechtswirksam werden kann, der nach Ablauf jenes Zeitraumes eintritt.

2. Die formale Versicherung der bei einer unzuständigen Kasse Versicherten.

Während der Einführung der formalen Versicherung in Gemäßheit des § 213 von seiten der Regierung anfänglich einige Schwierigkeiten bereitet wurden, hatte man gegen die Aufnahme jener Bestimmungen, nach welchen eine materiell versicherungspflichtige Person trotz ihrer bei einer unzuständigen Krankenkasse erfolgten Versicherung gleichwohl bei Eintritt eines Unterstützungsfalles die sofortige Hilfeleistung nicht entbehren solle, keinerlei Bedenken. Denn in der richtigen, durch die Praxis gewonnenen Erkenntnis, daß die Krankenkassen häufig erst in dem Augenblicke, wo gegen sie Unterstützungsansprüche geltend gemacht würden, die Grundlagen dieser Ansprüche auf ihre Rechtmäßigkeit prüften und je nach dem Ergebnis die Zugehörigkeit der Antragsteller zu ihr bestritten, wodurch für die Versicherten große Unzuträglichkeiten entstehen mußten, hielt man es für angezeigt, die Kasse, bei der der Versicherungspflichtige bisher geführt wurde, für unterstützungspflichtig zu erklären[13]. Um diese Rechtsfolge zu vermeiden, kann die Kasse die einzelnen Anmeldungen Versicherungspflichtiger auf ihre Zugehörigkeit zu ihr prüfen und gegebenenfalls an die zuständige Kasse verweisen. Da bei starkem Geschäftsbetrieb indessen die zu einer eingehenden Prüfung jeder Pflichtversicherung erforderliche Zeit fehlen wird, so glaubte man, ihr die hierfür ausreichende Frist von drei Monaten zubilligen zu müssen. Nimmt aber eine Kasse während der Dauer von drei Monaten oder länger ohne jede Beanstandung Beiträge für eine als Mitglied angemeldete Person entgegen, so ist es nicht unbillig, ihr dafür auch die Pflicht aufzuerlegen, tatsächlich auch die Versicherung jener Person für so lange zu übernehmen, bis

---

13) Begründung S. 197, 198.

die Kassenzugehörigkeit richtiggestellt ist, wobei vorausgesetzt wird, daß das gleiche Beschäftigungsverhältnis fortdauert, auf Grund dessen die Anmeldung erfolgt ist [14]). Diese Grundsätze sind im § 315 RVO. Gesetz geworden. Sollte jedoch auch die nach der Meinung der ersten Kasse zuständige Kasse die Zugehörigkeit des Versicherten bestreiten, so trifft der nunmehrige § 316 insoweit Vorsorge, als die erste Kasse für die Zwischenzeit bis zum endgültigen Austrag dieser Frage die Unterstützungspflicht zu tragen hat.

Eine formale Versicherung kann daher auf Grund des § 315 RVO. unter folgenden Voraussetzungen zur Entstehung gelangen:

Es können nur Versicherungspflichtige in Frage kommen, da sonst § 213 angewendet werden muß [15]). Man wird indessen dieser Auffassung Stier-Somlos in ihrer Allgemeinheit nicht beipflichten können; denn § 213 vermag unter gewissen Voraussetzungen eine formale Versicherung für weder versicherungspflichtige noch -berechtigte Personen zu begründen. Ist daher jemand versicherungsberechtigt, so können weder § 213 noch § 315 in Anwendung kommen; Berechtigte, die sich freiwillig versichern wollen, müssen nämlich stets derjenigen Kasse beitreten, welche für sie zuständig sein würde, wenn sie versicherungspflichtig wären (§ 238 RVO.). Tun sie das nicht, so wird mit Recht die angegangene Kasse nach wie vor ihre Zugehörigkeit bestreiten können unter der Voraussetzung, daß es sich um Berechtigte handelt, die sich auf Grund der §§ 176, 177 und nicht als Fortsetzung einer versicherungspflichtigen Beschäftigung (§§ 313) selbst versichern wollen [16]). Derartige Fälle berechtigter Selbstversicherung bei einer unzuständigen Kasse sind auch nach der RVO. nicht geeignet, ein formellrechtliches Versicherungsverhältnis zu begründen. Die Entrichtung von Beiträgen an eine Kasse wird, falls sie nicht durch einen Versicherungspflichtigen erfolgt, niemals einen Anspruch aus § 315 zu erzeugen vermögen.

14) Begründung a. a. O.

15) Stier-Somlo, Reichsversicherungsordnung, Anm. 1 zu § 315, und Hanow, Bd. 2 Anm. 3 zu § 315 S. 375.

16) Begründung S. 169.

Der Versicherungspflichtige muß zunächst vorschriftsmäßig bei der Kasse angemeldet sein, d. h. in den Formen, wie sie nach Gesetz und Satzung für die wesentlichen Angaben vorgeschrieben sind. Vor allem muß also eine Anmeldung erfolgen. Ohne die Erfüllung dieses Erfordernisses wird es wie nach bisherigem Rechte möglich sein, den hilfsbedürftigen Arbeiter zwischen den in Frage kommenden Kassen hin und her zu schicken, wenngleich dieser Übelstand mit der Einführung großer örtlicher, allgemeiner Krankenkassen erheblich gemindert werden wird. Diese Vorschrift und die sich aus ihrer Nichtbeachtung ergebenden Rechtsnachteile werden jedenfalls dahin wirken, daß die Anmeldungen pünktlich erfolgen.

Weiter ist vorausgesetzt, daß die Kasse nach vorschriftsmäßig erfolgter Anmeldung die Beiträge ununterbrochen und unbeanstandet entgegengenommen hat. Auch hier gilt das zu 1 Ausgeführte, daß die Kassen, falls sie großen Zuspruch haben, in zweifelhaften Fällen infolge mangelnder Zeit eine Prüfung der Kassenzugehörigkeit des Versicherten innerhalb der gewährten drei Monate nicht, wie es ihre Pflicht wäre, vornehmen, sondern die Beitragsleistung wegen Unzuständigkeit der Kasse beanstanden werden. So kann natürlich der ganze Zweck des § 315, einem wirklich Bedürftigen zu helfen, vereitelt werden, da der Streit darüber, welcher Kasse der Versicherte materiell zugehört, sich sehr in die Länge ziehen kann. Wenn man dagegen einwendet, die Interessen der Kasse müßten auch gewahrt werden, insbesondere würde ohne die vorgesehene Beanstandung eine zu große Belastung der Kasse herbeigeführt, so muß doch betont werden, daß es in erster Linie gilt, den unstreitig Versicherten zu unterstützen. Es ist eine große Unbilligkeit, ihm die Folgen einer von ihm nicht verschuldeten unrichtigen Anmeldung zur Last legen zu wollen. Wenn man in der richtigen Erkenntnis, daß diesem Mißstand abzuhelfen sei, nunmehr den Arbeiter sichern wollte, so wäre es das Wirksamste gewesen, auch gleich einen Schutz für alle Fälle ihm angedeihen zu lassen, etwa in der Art, daß nach erfolgter Anmeldung eines an sich Versicherungspflichtigen bei einer unzuständigen Kasse diese dem Arbeiter gegenüber bis zur definitiven Feststellung seiner Kassenzugehörigkeit unterstützungspflichtig wäre. Die Anwendbarkeit des § 316 RVO. erscheint, wie noch zu zeigen sein wird, für die Fälle, in denen vor Ablauf der dreimonatlichen Frist die angegangene Kasse ihre Zuständigkeit bestreitet, ausgeschlossen, so daß m. E. auch nach demnächst geltendem, reformiertem Recht ein der Unterstützung dringend bedürftiger Arbeiter leer ausgehen kann.

Der formale Entschädigungsanspruch wird endlich davon abhängig gemacht, daß das Beschäftigungsverhältnis des Versicherten sich nach Ablauf jener drei Monate nicht geändert hat; denn der Eintritt einer Änderung in der Beschäftigung, der für die Frage der Versicherung entscheidend ist, bewirkt entweder, daß die Versicherungspflicht gänzlich entfallen ist, der Arbeiter vielleicht nur noch versicherungsberechtigt bleibt, oder hat zur Folge, daß die Zugehörigkeit zu einer anderen Kasse begründet wird. Diese Wirkungen einer Beschäftigungsänderung durch ein formellrechtliches Versicherungsverhältnis zuungunsten der angegangenen Kasse aufheben zu wollen, mußte schon als Durchbrechung des Prinzips, daß nur die Art der Beschäftigung die Versicherungspflicht begründe, ausgeschlossen erscheinen.

Die Wirkung der formellrechtlichen Versicherung einer versicherungspflichtigen, aber bei der unzuständigen Kasse angemeldeten Person ist die formale Kassenzugehörigkeit. Im Gegensatz zu § 213 wird hier eine formelle Mitgliedschaft mit allen aus ihr resultierenden Rechten und Pflichten begründet. Diese dauert so lange an, bis der Kassenvorstand den Versicherten oder dessen Arbeitgeber schriftlich an eine andere Kasse verweist, d. h. der Empfänger Kenntnis erhalten hat von der Verweisung, da sie eine einseitige, empfangsbedürftige Willenserklärung ist. Die Kasse hat bis zu der erfolgenden Verweisung die Krankenhilfe endgültig zu leisten; es findet daher ein Ersatzanspruch wegen der bereits gewährten Unterstützungen gegen die eigentlich verpflichtete Kasse nicht statt [17]. Auf der anderen Seite kann der Versicherte eben nur die Leistungen der bis zur Verweisung unterstützungspflichtigen Kasse bean-

17) Begründung S. 197.

spruchen, selbst wenn die Krankenhilfe derjenigen Krankenkasse, der er objektiv angehört, für ihn vorteilhafter wäre. Insbesondere steht ihm ein nachträglicher Anspruch auf die Mehrleistungen der eigentlich verpflichteten Kasse für die Zeit, in der die andere für ihn eingetreten ist, nicht zu. Insofern steht also ein formell Versicherter nach seiner Verweisung einem Versicherten gleich, der, während er Krankenunterstützung bezieht, zu einer anderen Kasse übertritt [18]. Die neue Kasse übernimmt dann die Leistungen dem ihr nunmehr Zugewiesenen gegenüber nach ihrer Satzung; ein Anspruch auf Mehrleistungen ist sodann nur gegeben, wenn der Versicherte in der zunächst verpflichtet gewesenen Kasse bereits einen solchen Anspruch erworben hatte (§ 212 RVO.), so daß umgekehrt nach dieser Bestimmung regelmäßig die spätere Geltendmachung eines Anspruchs des formell Versicherten auf Erstattung der Differenz der beiden Kassenleistungen unzulässig ist.

Denkbar ist auch hier wie bei § 213 die Rückforderung der geleisteten Krankenkassenbeiträge. Ihre Entrichtung ist zwar als Erfüllung einer rechtlich bestehenden Verpflichtung, der unzweifelhaften Versicherungspflichtigkeit erfolgt. Indessen ist der Empfänger der Beiträge materiell zu ihrer Entgegennahme nicht berechtigt gewesen. Für die Kasse besteht objektiv kein rechtlicher Grund zur Annahme, so daß sie durch die Beiträge ungerechtfertigt bereichert erscheint, was dem Arbeitgeber, der sich mit dem Arbeitnehmer zu verrechnen hat (§ 393), einen Herausgabeanspruch aus § 812 BGB. gewährt, so lange die dreimonatliche Frist noch nicht verstrichen ist [19]. Der Ersatzanspruch verjährt in 30 Jahren (§ 195 BGB.). Die Kasse hat, falls sie bereits geleistet hat, gegen die zuständige Kasse einen Ersatzanspruch wegen ungerechtfertigter Bereicherung, wobei eine Aufrechnung der empfangenen Beiträge erlaubt ist, soweit sie nicht dem Arbeitgeber zurückerstattet sind. Wird Klage auf Rückzahlung der bei unzuständiger Kasse entrichteten Beiträge erhoben, so kann die Kasse nicht einwenden, der

18) Begründung a. a. O.

19) So auch Hanow, Anm. 12a zu § 405 S. 527; Olshausen, Anm. 5 zu § 405 S. 337.

Betrag der gewährten Unterstützungen übersteige die Höhe der geleisteten Beiträge; sie hat vielmehr einen Ersatzanspruch gegen die Kasse, deren Mitglieder die Arbeiter infolge ihrer Beschäftigung sein mußten [20]). Diese Ausgleichung der Kassen untereinander ist im § 316 RVO. geregelt, wie noch zu zeigen sein wird. Jedenfalls wird das Vorhandensein eines rechtlich begründeten Anspruchs auf Rückerstattung der zu Unrecht geleisteten Beiträge innerhalb der drei Monate nicht mehr zweifelhaft sein können. Nach Ablauf dieser Frist muß eine Rückforderung der Beiträge ausgeschlossen erscheinen, da nunmehr die an sich unzuständige Kasse auf Grund des § 315 RVO. empfangsberechtigte Gläubigerin wird. Die entrichteten Beiträge gelten nach § 316 a. a. O. als an die zuständige Kasse geleistet. Hat die Kasse, bei der die Anmeldung und Beitragsentrichtung zu Unrecht erfolgt war, den Versicherten oder dessen Arbeitgeber an eine andere Kasse verwiesen und bestreitet auch diese seine Zugehörigkeit, so hat die erste Kasse auch für die Zwischenzeit bis zur endgültigen Erledigung dieser Frage den Versicherten wie ein Mitglied weiter zu behandeln [21]). Daraus ergibt sich, daß sie für die Zwischenzeit ihre eigenen Leistungen fortzugewähren hat, deren Wert sie von der endgültig verpflichteten Kasse ersetzt verlangen kann. Wird von diesem Rechte Gebrauch gemacht, so kann die ersatzpflichtige Kasse von dem Arbeitgeber des Versicherten Nachzahlung der Beiträge verlangen, falls er diese auf Grund des § 812 BGB. von der unzuständigen Kasse herausverlangt hat. Ist jedoch ein Rückerstattungsanspruch nicht erhoben worden, so findet eine Ausgleichung zwischen beiden Kassen nur insoweit statt, als die erste Kasse von der endgültig verpflichteten Ersatz dafür verlangen kann, was sie n a c h der vorgenommenen Verweisung über den Wert der Beiträge dem Versicherten an Unterstützungen

---

20) RGZ.-Entsch. vom 25. Januar 1904 Bd. 56 S. 346, und Reger 25, S. 284 und Arb.-Vers. Bd. 21 S. 450. Sächs. OVG. vom 18. Juli 1906, Reger, 27 S. 432. Braunschw. Verw.-Gerichtshof vom 30. September 1908, Reger 29 S. 398. Ebenso Olshausen a. a. O. und Stier-Somlo Anm. 7 zu § 405 S. 326.

21) Begründung zu § 316 S. 198.

gewährt hat. Anderseits ist bis zur Erledigung des Zugehörigkeitsstreites der Versicherte gehalten, an die erste Kasse die Beiträge in der Höhe fortzuentrichten, in der sie bei ihr satzungsgemäß zu zahlen sind. Sind demnach bei der eigentlich zuständigen Kasse geringere Beiträge zu leisten als bei der zunächst unterstützungsverpflichteten, so kann der Arbeitgeber das Mehr von der ersteren, die sich dieserhalb mit dem Versicherten — richtiger dem Arbeitgeber des Versicherten — zu verrechnen hat [22]), ersetzt verlangen. Gewährt diese reichere Unterstützungen, so hat sie das Plus dem Versicherten vom Tage der Verweisung ab auf Verlangen nachzuleisten; ebenso hat der Arbeitgeber von diesem Zeitpunkt ab das Mehr an Beiträgen zu entrichten, falls statutarisch höhere Beiträge als bei der ersten Kasse vorgeschrieben sind [23]). Im Verhältnis der Kassen zueinander kommt jedenfalls die Differenz zwischen Beiträgen und Unterstützungen nicht in Betracht.

Die Anwendbarkeit des § 316 ist daher stets gegeben, wenn die unzuständige Krankenkasse nach Zustandekommen der formalen Versicherung die Verweisung an die eigentlich zuständige Kasse vorgenommen hat. Die Berufung auf diesen Paragraphen ist unzulässig, wenn eine Kasse vor Ablauf der im § 315 RVO. gewährten Frist von drei Monaten einen Versicherten an die zuständige Kasse verweist. Denn die Verpflichtung aus § 315 tritt nur ein, wenn während jenes Zeitraumes unbeanstandet Beiträge entgegengenommen worden sind. Wird vorher die Beitragsentrichtung beanstandet, so kann ein formalrechtliches Versicherungsverhältnis überhaupt nicht zustande kommen, so daß es nunmehr Sache des Versicherten ist, zu sehen, wie er zu seinem Rechte kommt. Eine Verweisung im Sinne des letzten Halbsatzes des § 315 kann in diesem Falle überhaupt nicht stattfinden; es wird deshalb die vermeintlich zuständige zweite Kasse die ihr angesonnene Zugehörigkeit sehr wohl bestreiten können, ohne daß die erste Kasse bis zur Entscheidung der Frage unterstützungsverpflichtet würde

---

22) Begründung a. a. O.

23) Ebenso Hanow Bd. 2 Anm. 3 zu § 316 S. 376.

oder bliebe. Es wird demgemäß auch nach dem neuen Rechte der RVO. die Möglichkeit bestehen bleiben, daß während eines Zuständigkeitsstreites zweier Kassen der Unterstützungsbedürftige seine an sich begründeten Ansprüche nicht verwirklichen kann. Daß diese Auffassung nicht irrig ist, geht aus der Begründung zu § 316 S. 198 hervor: „Die Kasse gewährt ihre eigenen Leistungen fort und kann gegebenenfalls deren Wert von der anderen Kasse einfordern." Die ursprüngliche Kasse muß also schon Leistungen bewirkt haben, ehe von einer Fortsetzung derselben die Rede sein kann.

Nach dem Rechte der RVO. ist nach allem eine formale Krankenversicherung sowohl möglich für solche Personen, die weder versicherungspflichtig noch versicherungsberechtigt sind, als auch hinsichtlich solcher, die zwar versicherungspflichtig, aber bei der unzuständigen Kasse versichert sind. Alle übrigen Möglichkeiten haben in der neuen gesetzlichen Regelung keinen Raum gefunden. Ausgeschlossen von einer formalen Versicherung sind demnach die bei einer unzuständigen Kasse angemeldeten Versicherungsberechtigten, während auch im Rahmen der §§ 213 und 315 es den Kassen noch möglich sein wird, die Unterstützungspflicht in Fällen zu bestreiten, die billigerweise bei schärferer Fassung des Gesetzestextes der Versicherung hätten teilhaftig werden müssen.

Zweiter Teil.

§ 6. Die formale Versicherung in der Unfallversicherung.

Die RVO. hat für das Gebiet der UV. entsprechend dem bisherigen Recht eine formale Versicherung nicht ausdrücklich anerkannt. Aber wie jenem der Begriff und die Möglichkeit des Zustandekommens eines formellrechtlichen Versicherungsverhältnisses nicht unbekannt war, so wird auch nach dem neuen Recht eine formale Versicherung nicht ausgeschlossen sein. Es wird sich auch hier die Notwendigkeit ergeben, zur klareren Erkenntnis des Begriffs und seines Umfangs mangels gesetzlicher Festlegung den Normalfall der materiellen Versicherung kurz zu erörtern.

Mitglied der BGen. ist jeder Unternehmer, dessen Betrieb zu einem Erwerbszweige gehört, für den die BG. errichtet ist, falls der Betriebssitz in ihrem Bezirke liegt. Die berufsgenossenschaftliche Zugehörigkeit eines Betriebs hat daher die Wirkung, daß der Unternehmer Mitglied der BG. mit Stimm- und Wahlrecht wird und die in seinem Betriebe beschäftigten Arbeiter in ein Versicherungsverhältnis zur BG. eintreten. Auch das Reich, die Bundesstaaten, Gemeinden, Gemeindeverbände und andere öffentliche Körperschaften gehören mit ihren versicherten Betrieben den zuständigen BGen. als Mitglieder an, soweit sie nicht nach §§ 624—628 RVO. eigene Träger der Versicherung sind (§ 649 RVO.). Die Mitgliedschaft beginnt mit der Eröffnung des Betriebs oder mit dem Beginn seiner Versicherungspflicht, ohne Rücksicht aufdieAnmeldung, die keine konstitutorische Wirkung hat, sondern lediglich bezweckt, der BG. ersichtlich zu machen, welche Betriebe ihr zugehören. Rechtliche Beziehungen zwischen Unternehmer und BG. sind grundsätzlich die Folge eines bestimmten gesetzlichen Tatbestandes.

Damit die BG. einen steten Überblick über ihren Umfang und die Zugehörigkeit eines einzelnen Betriebs zu ihr hat, werden Betriebsverzeichnisse geführt, in die zunächst die nach bisherigem Recht katastrierten Betriebe übernommen, sodann die in den vom RVA. mitgeteilten Verzeichnissen nachgewiesenen Betriebe und endlich die späteren Überweisungen eingetragen werden (§ 657 a. a. O.). Die Eintragung der Mitglieder in das Betriebsverzeichnis hat erst nach Prüfung ihrer Zugehörigkeit zu geschehen (§ 658). Je nach deren Ergebnis erfolgt entweder die Aufnahme in das Verzeichnis und die Zustellung des Mitgliedscheins an den Eingetragenen, oder die Ablehnung der Aufnahme, worüber dem Betriebsunternehmer durch Vermittlung des Versicherungsamts ein Bescheid mit Gründen zuzustellen ist (§ 659). Diese formelle Feststellung der Mitgliedschaft durch Eintragung in das Betriebsverzeichnis und Zustellung des Mitgliedscheins ermöglicht es dem Unternehmer, die Auffassung des Genossenschaftsvorstandes bezüglich der berufsgenossenschaftlichen Zugehörigkeit seines Betriebs zu erkennen, so daß erst von diesem Zeitpunkte ab der Eingetragene zur Ausübung seiner Mitgliedsrechte befähigt und zur Erfüllung seiner ihm nunmehr obliegenden Pflichten — Einreichung der Lohnnachweisung und Zahlung der Beiträge — verbunden ist. Entsprechend der Vorschrift des § 59 GUVG. steht nunmehr nach § 660 RVO. dem Unternehmer gegen die Aufnahme oder Ablehnung innerhalb eines Monats nach Zustellung des Mitgliedscheins bezw. des ablehnenden Bescheids Beschwerde an das Oberversicherungsamt zu. Ist also bis zum Ablauf dieser Frist von dem Rechtsmittel der Beschwerde gegen die Aufnahme kein Gebrauch gemacht, so steht formell die Versicherungspflichtigkeit des Betriebs zunächst fest, so daß der Unternehmer zur Zahlung der Umlagebeiträge gehalten ist und, wenn er demnächst die Einreichung der Lohnnachweisung unterläßt, in Strafe genommen werden kann. Es steht ihm nur das Recht zu, die nachträgliche Löschung im Kataster der BG. gemäß §§ 690—672 RVO. zu beantragen. Hat der Unternehmer jedoch rechtzeitig und mit Erfolg gegen die Betriebseintragung Beschwerde erhoben, so entbehrt die Heranziehung zu Mitgliederbeiträgen des rechtlichen Grundes; etwa geleistete Beiträge sind daher zurückzuerstatten.

Diese materiellen Bestimmungen der RVO. über berufsgenossenschaftliche Betriebszugehörigkeit, Mitgliedschaft und Betriebsverzeichnis stimmen inhaltlich vollkommen mit den entsprechenden Vorschriften des gewerblichen UVG. überein, so daß die in der Praxis bislang daraus gezogenen Folgerungen auch als Norm für das nunmehr geltende Recht zu betrachten sein werden. Insbesondere wird die praktisch hochbedeutsame formellrechtliche Versicherungsmöglichkeit unbestrittene Geltung beanspruchen dürfen. Bei der ausgiebigen Behandlung, die die formale Versicherung im Bereiche des GUVG. bereits oben im § 3 als Grundlage für die weiteren kritischen Betrachtungen erfahren hat, dürfte eine kurz gefaßte Wiedergabe der dort gegebenen Darstellung ausreichend erscheinen, wobei eine Verweisung auf die Ergebnisse im einzelnen gestattet sein möge, um so mehr, als, wie bereits gesagt, das materielle Recht gegen früher sich in keiner Weise geändert hat.

Voraussetzungen, Umfang und Wirkung der formalen Versicherung.

1. eines ganzen Betriebs.

Durch die nach erfolgter Prüfung der Zugehörigkeit durch den Genossenschaftsvorstand bewirkte Eintragung eines Unternehmers in das Betriebsverzeichnis und die demnächstige Zustellung des Mitgliedscheins wird von seiten der Genossenschaft zum Ausdruck gebracht, daß sie die Versicherungspflichtigkeit des Betriebs für vorliegend erachtet hat. In diesem Vorgang liegt die Dokumentierung entweder eines tatsächlich vorhandenen und für die Versicherung erforderten Tatbestandes oder der subjektiven Ansicht des Genossenschaftsvorstandes über die Versicherungspflichtigkeit eines Betriebs. Unterbleibt die Einlegung einer Beschwerde gegen die Eintragung in das Betriebsverzeichnis innerhalb der einmonatlichen Frist, so gelangt ein formellrechtliches Versicherungsverhältnis zugunsten der versicherungsfähigen, in dem katastrierten Betrieb beschäftigten Arbeiter zur Entstehung. Der Rechtsgrund für das Zustandekommen einer formalen Versicherung ist demnach in der Rechtskraftwirkung des Betriebs-, bei landwirtschaftlichen

Betrieben des Unternehmer-Verzeichnisses zu erblicken [1]).
Betrieben des Unternehmerverzeichnisses zu erblicken [1]). Wenn neuerdings [2]) im Anschluß an Rosin diese Auffassung bekämpft und die Annahme als rechtlich begründet hingestellt wird, daß der Entstehungsgrund für ein formellrechtliches Versicherungsverhältnis in der materiellen Rechtskraft des Urteils (der Katasterentscheidung) einerseits und in dem rechtsverbindlichen Anerkenntnis des Genossenschaftsvorstandes anderseits zu suchen sei, so muß es versagt bleiben, hier nochmals auf den Streit der Meinungen einzugehen, und es kann nur auf die vertretene Ansicht verwiesen werden. Hanow a. a. O. gibt selbst zu, daß die Meinung Rosins für alle möglichen Fälle formaler Versicherung im Bereiche der UV. nicht ausreicht, weshalb er die bestehende Lücke durch Anwendung allgemeinrechtlicher Erwägungen von Treu und Glauben im Rechtsverkehr ausgefüllt sehen möchte.

Eine formale Versicherung wird erzeugt durch die endgültig gewordene Eintragung in das Betriebsverzeichnis, d. h. falls gegen die Aufnahme keine Beschwerde erhoben worden ist, und durch Zustellung des Mitgliedscheins an den Unternehmer. Arglistiges Verhalten des Unternehmers vermag eine formellrechtliche Mitgliedschaft und Genossenschaftszugehörigkeit nicht zu begründen. Ist die Beschwerde gegen die Eintragung rechtskräftig abgewiesen, so beginnt die formale Zugehörigkeit mit der Rechtskraft der Entscheidung. Treten in einem Betriebe, der ursprünglich mit Recht als versicherungspflichtig in das Betriebsverzeichnis eingetragen war, später das Ausscheiden rechtfertigende Betriebsveränderungen ein, ohne daß die Löschung bewirkt wird, so gilt der Betrieb infolge der Weiterführung im Betriebsverzeichnisse als formell versichert.

Ein formellrechtliches Versicherungsverhältnis besteht nur in dem Umfang, in dem die Versicherung tatsächlich erfolgt ist. Handelt es sich demnach um einen einheitlich versicherungspflichtigen Betrieb, so kann eine Entschädigung

---

1) Vgl. Note 7 zu § 3 und Lahs, Kommentar zur Unfallversicherung der RVO. Anm. 4 zu § 618, S. 182.

2) Hanow, Kommentar zur RVO. Bd. 3 Teil 1 Anm. 6 zu § 659 S. 286.

für Unfälle in Nebenbetrieben mit Berufung auf § 539 nicht beansprucht werden, wenn die formale Versicherung sich auf den Hauptbetrieb beschränkte, wobei zu berücksichtigen ist, daß die tatsächliche Heranziehung zur Versicherung sich nicht nur aus der bloßen Katastereintragung, die nicht immer und unbedingt den wirklichen Willen des Genossenschaftsvorstandes auszudrücken braucht, sondern auch aus der Beitragsentrichtung ergibt. Ist an den versicherungspflichtigen ein nichtversicherungspflichtiger Betrieb angeschlossen, so wird letzterer durch die formale Versicherung des Hauptbetriebs nur dann mitumfaßt, wenn aus der Eintragung in das Betriebsverzeichnis unzweideutig zu entnehmen ist, daß sie sich auch auf den nichtversicherungspflichtigen Betrieb bezieht. Ein Betriebsteil, der nicht in das Verzeichnis aufgenommen ist, ist unter den besonderen Umständen formell versichert, wenn die BG. nach eingeholter Aufklärung über die Art des Betriebsteils Lohnnachweisungen der in diesem Teile beschäftigten Arbeiter verlangt und daraufhin den Unternehmer demnächst zu Beitragsleistungen herangezogen hat.

Die Wirkungen der formalen Versicherung sind grundsätzlich die gleichen wie bei der materiellen Versicherung. Insbesondere liegen dem Unternehmer der BG. gegenüber die gleichen Pflichten ob wie den materiellrechtlichen Mitgliedern: Betriebsanmeldung, Beitragsleistung, Einreichung von Lohnnachweisungen usw. Wegen der Unterlassung der Anmeldung kann der Unternehmer, selbst wenn inzwischen infolge einer Betriebsänderung die Versicherungspflicht und demgemäß auch die genossenschaftliche Zugehörigkeit fortgefallen ist, der Betrieb aber als zur BG. gehörig in dem Betriebsverzeichnisse fortgeführt wird, in Strafe genommen werden. Die BG. ist andererseits nicht berechtigt, nach Zustandekommen der formalen Versicherung, d. h. wenn die Eintragung in das Betriebsverzeichnis endgültig geworden, also innerhalb eines Monats keine Beschwerde eingelegt oder die Beschwerde rechtskräftig zurückgewiesen ist, bei Eintritt eines Unfalls die Versicherungspflichtigkeit des Betriebs zu bestreiten. Nur dann kann die BG. einen Entschädigungsanspruch für einen Unfall, der in einem endgültig eingetragenen Betrieb sich ereignet hat, ablehnen, wenn die Aufnahme in das Betriebsverzeichnis arglistig herbeigeführt worden ist. Jedenfalls ist sie verpflichtet, zu der Frage der Entschädigung für die den Arbeitern in den endgültig eingetragenen Betrieben zugestoßenen Unfälle durch Feststellung gemäß §§ 1568, 1569 ff. Stellung zu nehmen. Auch die Eintragung eines zwar versicherungspflichtigen, aber bei einer unzuständigen BG. versicherten Betriebs vermag bei dieser BG. einen formalen Entschädigungsanspruch seiner Arbeiter gegen sie zu begründen; denn da ein Versicherter durch dieses Versehen nicht benachteiligt werden kann, so steht es ihm frei, statt der formell verpflichteten die sachlich zuständige BG. in Anspruch zu nehmen, wenn dies für ihn vorteilhafter ist. Die irrtümliche Eintragung in das Betriebsverzeichnis kann nur gemäß § 670 RVO. gelöscht werden. Die Frage, ob nunmehr die gezahlten Beiträge als zu Unrecht entrichtet zurückzuerstatten sind, ist nach Lage des Falles verschieden zu beantworten:

a) Hat der Unternehmer gegen seine Eintragung nicht rechtzeitig Beschwerde erhoben, so wird er die durch sein Verhalten herbeigeführten Rechtsfolgen (Pflicht zur Beitragszahlung) auch zu tragen haben, so daß eine Rückerstattung der für die Zeit des Bestehens eines formellrechtlichen Versicherungsverhältnisses entrichteten Beiträge ausgeschlossen erscheint. Eine diesen Zweck verfolgende Einwirkung der Aufsichtsbehörde dürfte unzulässig sein [3]).

b) Ist ohne schuldhaftes Verhalten des Unternehmers die Betriebseintragung endgültig geworden, so wird jeweils die Rückerstattung der geleisteten Beiträge von der Verletzung der dem Vorstande der BG. obliegenden Prüfungspflicht abhängig zu machen sein. Ist diese gesetzliche Pflicht nicht gehörig erfüllt, so ist die BG. gehalten, die für den zu Unrecht eingetragenen Betrieb, sei es, daß er der Versicherungspflicht oder -berechtigung gänzlich ermangelte, sei es, daß er bei der unzuständigen BG. eingetragen war, gezahlten Beiträge und Strafen dem Unternehmer zurückzuerstatten.

---

3) Hanow a. a. O. Anm. 3 zu § 670 S. 298.

c) Jedoch wird regelmäßig im Falle b eine Zurückzahlung der Beiträge nicht stattfinden können, da das mit Wissen und Willen des Unternehmers rechtswirksam gewordene formellrechtliche Versicherungsverhältnis nicht für die Vergangenheit rückgängig gemacht werden kann, nachdem die BG. das Unfallrisiko für den Betrieb getragen hat.

2. Die formale Versicherung eines einzelnen Unternehmers.

Die unter Nr. 1 zur Darstellung gelangten Grundsätze über die formale Versicherung ganzer Betriebe kommen ebenfalls zur Anwendung bei der Versicherung eines Unternehmers, der entweder zur statutarischen Zwangsselbstversicherung herangezogen wird oder sich freiwillig zu versichern berechtigt ist. Ein formellrechtliches Versicherungsverhältnis wird dadurch begründet, daß die BG. den Unternehmer in die Liste der Selbstversicherten einträgt und dadurch zum Ausdruck bringt, daß sie die satzungsgemäße Versicherungspflichtigkeit bezw. freiwillige Versicherungsfähigkeit als bei ihm vorhanden erachtet. Auch dann hat der Unternehmer als formell versichert zu gelten, wenn bei ihm, der ursprünglich mit Recht zur Selbstversicherung zugelassen war, die Voraussetzungen der letzteren später in Fortfall gekommen sind, er aber trotzdem in der Liste der Selbstversicherten weitergeführt wird. Dieses Rechtsverhältnis besteht in der Regel so lange, bis seine förmliche Aufhebung entweder durch Abmeldung des Unternehmers oder durch Verfügung der Genossenschaftsorgane von Amts wegen erfolgt. Der die Aufhebung des Versicherungsverhältnisses aussprechenden Verfügung von Amts wegen, die dem Unternehmer bekannt zu geben ist, kommt keine rückwirkende Kraft zu, so daß sie notwendig einen zukünftigen Zeitpunkt bezeichnen muß, von dem ab die zwangsweise oder freiwillige Selbstversicherung als beendet zu gelten hat. Die Annahme Hanows [4], daß ein formellrechtliches Versicherungsverhältnis unter Umständen auch durch schlüssige

4) a. a. O. Anm. 6 zu § 659 S. 288.

Handlungen aufgehoben werden könne, dürfte nicht zutreffend sein. Wird nämlich ein Unternehmer, in dessen ehedem versicherungspflichtigem Betriebe die Zwangsversicherung aufhebende Änderungen eingetreten sind, zu weiteren Beitragsleistungen durch die BG. nicht mehr herangezogen, so braucht in dieser Unterlassung nicht notwendig die Auffassung des Genossenschaftsvorstandes erblickt zu werden, daß sie ihn nunmehr als nicht mehr zugehörig ansehe. So lange der Unternehmer noch eingetragen ist, gilt er formell als zur BG. gehörig und demnach als formell weiterversichert, was seinen Grund, wie mehrfach festgestellt wurde, in der Rechtskraftwirkung des Betriebsverzeichnisses hat. Arglistiges Verhalten des Unternehmers verhindert sowohl die Entstehung wie das Weiterbestehen eines formellrechtlichen Versicherungsverhältnisses.

Der Umfang und die Wirkung der formalen Unternehmerversicherung regelt sich nach den gleichen, zu Nr. 1 dargelegten Grundsätzen, weshalb hier von einer Wiederholung abgesehen werden kann.

3. Die formale Versicherung eines einzelnen Arbeiters.

Ausnahmsweise kann durch die Aufnahme eines einzelnen nichtversicherungspflichtigen Arbeitnehmers in die Lohnnachweisung ein formellrechtliches Versicherungsverhältnis zustande kommen. Obwohl der in der Lohnnachweisung aufgeführte Entgelt die Grundlage für die zu leistenden Mitgliederbeiträge bildet und insofern eine tatsächliche Heranziehung zu den Lasten der Versicherung stattfindet, so wird regelmäßig dieser Sachverhalt einen Unterstützungsanspruch nicht gerechtfertigt erscheinen lassen, da der BG. in den meisten Fällen die Möglichkeit fehlt, genau zu prüfen, ob die einzelnen in den Lohnnachweisungen aufgeführten Personen auch wirklich versicherungspflichtige Beschäftigungen ausüben oder in welchem Umfange sie zu solchen Arbeiten herangezogen werden. Da es somit den Unternehmern selbst überlassen bleiben muß, die Beschäftigung ihrer Arbeiter auf die Versicherungspflichtigkeit hin zu prüfen und demzufolge nur versicherungspflichtige Arbeitnehmer nachzuweisen, so kann, wenn irrtümlich nicht versicherungsfähige Personen mitaufgeführt werden, dieser Umstand allein eine Entschädigungspflicht der BG. nicht begründen[5]. Nur dann wird zugunsten eines einzelnen Arbeiters eine formale Versicherung und damit ein Entschädigungsanspruch zur Entstehung gelangen können, wenn die betreffende Person mit Wissen der berufsgenossenschaftlichen Organe oder doch so, daß es diesen bei der erforderlichen Sorgfalt, die sie infolge der gesetzlich vorgeschriebenen Prüfung anzuwenden verpflichtet sind, nicht verborgen bleiben konnte, als nicht versicherungspflichtig in den Lohnnachweisungen mitaufgeführt wird und die BG., ohne irgendwelche Erhebungen zu veranlassen, für einen längeren Zeitraum unter Berechnung des Lohnes dieses nicht versicherungsfähigen Arbeiters Mitgliederbeiträge erhoben hat. Ein formaler Entschädigungsanspruch wird ebenfalls zu Recht bestehen, wenn in einem Streitverfahren über die Beitragsentrichtung die Beschäftigung eines Arbeiters rechtskräftig für versicherungspflichtig erklärt worden ist, obwohl die Entscheidung der objektiven Sachlage nicht entspricht. Wenn Hanow[6] daneben als besonderen Entstehungsgrund eines formellrechtlichen Versicherungsverhältnisses zugunsten eines einzelnen Arbeitnehmers ein Anerkenntnis des Genossenschaftsvorstandes annimmt, so entbehrt die Auffassung der gesetzlichen Unterlage; denn auch hier gilt mutatis mutandis das oben im § 4 Ausgeführte, daß weder der Vorstand der BG. noch der der Versicherungsanstalt berechtigt sind, ein Anerkenntnis abzugeben, dessen Inhalt die ihnen verliehenen Befugnisse überschreitet. Sowohl dem bisherigen wie dem geltenden Recht der UV. ist gegenüber den Bestimmungen des nunmehr in Kraft getretenen IVG. der RVO. ein Anerkenntnis des Vorstandes eines Versicherungsträgers fremd, also gesetzlich unzulässig, da man offenbar diesen Vorständen nicht die Befugnis zugestehen wollte, eine das positive öffentliche Recht abändernde Vereinbarung zu treffen, wo-

---

5) Vgl. die Ausführungen auf S. 32 ff.

6) a. a. O. Anm. 6 zu § 659 S. 288.

durch naturgemäß eine ziemlich willkürliche Anwendung bezw. Umgehung einmal gegebener Vorschriften ermöglicht würde. Eine Ausnahme muß für den Vorstand einer Versicherungsanstalt bei der hohen Bedeutung, die der IV. gegenüber den anderen Versicherungszweigen zukommt, gerechtfertigt erscheinen. Endlich ist im Bereiche der UV. ein formellrechtliches Versicherungsverhältnis bei den Zweiganstalten für Bauarbeiten (§ 783 RVO.), die den Genossenschaften der Baugewerbetreibenden angegliedert sind, möglich. Materiell gehören diesen Zweiganstalten an die Unternehmer nicht gewerbsmäßiger Bauarbeiten, also nicht nur Bauherrn, die Eigen- oder Regiebauten ausführen, sondern auch solche Personen, die zwar für andere Bauherrn einen Bau errichten, diese Beschäftigung jedoch nicht als eine dauernde Erwerbsquelle betrachten. Versichert sind daher die Arbeiter solcher Regiebauherrn und nicht gewerbsmäßiger Unternehmer gegen die in derlei Betrieben sich ereignenden versicherungsfähigen Unfälle. Auch hier ist gemäß § 783 Abs. 2 eine Selbstversicherung der Unternehmer zugelassen.

Die Versicherung der Bauarbeiter bei den Zweiganstalten erfolgt entweder auf Kosten des Unternehmers gegen feste Prämien nach einem Prämientarif, falls es sich um länger als sechs Tage währende Arbeiten handelt. Bei Arbeiten von kürzerer Dauer erfolgt die Versicherung auf Kosten der Gemeinde oder bestimmter Verbände gegen Beiträge, die entsprechend dem Bedarfe nach Ablauf des Geschäftsjahres umgelegt werden (§ 798 RVO.).

Nun bestimmt § 784, daß die Zweiganstalt andere Versicherungen nicht annehmen darf. Grundsätzlich sind also bei einer Zweiganstalt nur solche Arbeiter versicherungspflichtig, die von den im § 783 gekennzeichneten Unternehmern beschäftigt werden. Der Wortlaut des § 784 indessen läßt die Möglichkeit einer formalen Versicherung erkennen; denn er statuiert nur für die Organe der Zweiganstalt die Pflicht, jede andere Anmeldung zur Versicherung abzuweisen. Die Entstehung eines formellrechtlichen Versicherungsverhältnisses würde m. E. unmöglich sein, wenn § 784 etwa lautete: „Jede andere Versicherung durch die

Zweiganstalt ist ausgeschlossen." Wenn daher die Zweiganstalt entgegen der Vorschrift des § 784 Unternehmer gemäß § 798 Abs. 1 zur Prämienzahlung heranzieht für solche Arbeiter, die nicht versicherungspflichtig sind, so wird eine formelle Entschädigungspflicht der Zweiganstalt begründet; dasselbe hat zu gelten, wenn die Versicherung bei der unzuständigen Kasse erfolgt ist. Der Zweiganstalt muß gegebenenfalls das Recht versagt werden, die Versicherungspflichtigkeit der Beschäftigung bezw. ihre Zuständigkeit zu bestreiten [7]. Da die materielle und formale UV. nur auf dem Betriebe und nicht auf dem Unternehmer ruht, so werden alle in dem Unternehmen beschäftigten versicherungsfähigen Arbeiter der Versicherung teilhaftig, selbst dann, wenn sie in den gemäß § 799 einzureichenden Nachweisungen über Lohn und Arbeitstage nicht mitaufgeführt sind [8]. Ist jedoch in diesen Nachweisungen ein einzelner nicht versicherungspflichtiger Arbeiter nicht mit aufgenommen und werden unter Berücksichtigung des Lohnes dieser Person die Prämien erhoben, so kann hierdurch allein regelmäßig eine formale Versicherung nicht zustande kommen. Nur dann, wenn es bei Anwendung der erforderlichen Sorgfalt der Zweiganstalt nicht unbekannt bleiben konnte, daß der mitaufgeführte Arbeiter versicherungsunfähig war, wird ein formellrechtliches Versicherungsverhältnis begründet werden [9]. Schließlich ist auch hier eine formale Versicherung eines einzelnen Unternehmers möglich durch Weiterversicherung, wenn die materiellen Erfordernisse seiner Versicherungspflichtigkeit fortgefallen sind, z. B. wenn er nach Entlassung seiner Arbeiter Unternehmer und Arbeiter zugleich ist. Eine Zwangsselbstversicherung der Regiebauunternehmer ist nicht zulässig. Wird indessen eine freiwillige Selbstversicherung eingegangen und übersteigt der zu ihrer Eingehung berechtigende Jahresarbeitsverdienst 3000 Mark, so wird der Unternehmer nunmehr so lange als formell weiterversichert zu gelten haben, als die Zweiganstalt ihn als Mitglied

7) AN 1897 Rek. E. 1572 S. 259.

8) Handbuch der UV. Bd. 2 Anm. 2 zu § 23 BUVG. S. 45.

9) Vgl. oben S. 126.

führt und ihm die daraus folgenden Rechte und Pflichten zustehen.

Ergibt sich, daß ein Betrieb nicht bei einer Zweiganstalt, sondern bei einer BG. zu versichern gewesen war, so findet eine Anwendung der Grundsätze der §§ 665 ff. über den Übergang von Betrieben von einer BG. auf eine andere nicht statt [10]).

Dritter Teil.

§ 7. Die formale Versicherung in der Invaliden- und Hinterbliebenenversicherung.

Im Bereiche der IV. bisherigen Rechts ist die Möglichkeit einer formalen Versicherung von der Rechtsprechung des RVA. entschieden abgelehnt worden, was in der Wissenschaft allgemeine Billigung gefunden hat. Die vereinzelt dastehende Auffassung Rosins, auch in der IV. könne der für die UV. aufgestellte Grundsatz einer formalen Versicherung in Anwendung gebracht werden, da einem außerhalb des Streitverfahrens abgegebenen Anerkenntnis der Versicherungspflicht oder Versicherungsberechtigung seitens des Vorstandes der Versicherungsanstalt rechtsverbindliche Kraft zugunsten desjenigen, der daraufhin Beiträge entrichtet hat, beizulegen sei, hat bereits oben ihre Würdigung gefunden. Indessen muß zugegeben werden, daß die starre Durchführung des Gedankens der öffentlichrechtlichen Natur der IV., die keine Abänderung durch Parteireden verträgt, in der Praxis fast unerträgliche Verhältnisse schuf; denn in zahlreichen Fällen gingen dadurch Personen, die jahrelang ihre Beiträge in dem festen Vertrauen entrichtet hatten, in Tagen des Alters und der Not eine Rente zu beziehen, ihres vermeintlichen Anspruchs dann verlustig, wenn die Hilfsbedürftigkeit am dringendsten war. Man kann

10) AN 1912 Besch. 25 60 S. 866.

daher Weymann [1]) durchaus beistimmen, wenn er annimmt, daß eine solche Entwicklung nicht anders als verbitternd wirken mußte.

Die RVO. hat daher versucht, diese unbilligen Härten zu beseitigen. Es kann hier schon gesagt werden, daß durch die Regelung des § 1445 RVO. eine im allgemeinen erträgliche Rechtslage geschaffen ist. Ob sie indessen vollends befriedigen und einem Wunsche nach Verbesserung keinen Raum mehr gewährt, bleibt weiter unten zu untersuchen.

1. Ihre Entstehung.

§ 1145 Abs. 1 RVO., der aus § 147 IVG. hervorgegangen ist, stellt zwar nur unter gewissen Voraussetzungen eine Vermutung eines in der Vergangenheit vorhandenen Versicherungsverhältnisses auf; indessen kann diese gesetzliche Vermutung für die Begründung einer formellen Versicherung nach Abs. 2 von besonderer Bedeutung sein, so daß es angebracht erscheint, auf den rechtlichen Gehalt auch des Abs. 1 näher einzugehen. Die gesetzliche Vermutung des Abs. 1 setzt dreierlei voraus:

a) Die Quittungskarte muß „richtig", d. h. von der zuständigen Stelle unter Verwendung des vorgeschriebenen Formulars und ordnungsgemäß ausgestellt sein. Ist die Karte unrichtig ausgefüllt, so wird sie nur dann als nicht richtig ausgestellt zu gelten haben, wenn dadurch die Feststellung der versicherten Person in Frage gestellt wird [2]). Dagegen wird in der Regel eine fehlerhafte Namensangabe, die durch falsches Schreiben oder Hinzusetzen eines unrichtigen Vornamens entstanden ist, ein unzutreffender Geburtstag oder Beruf die Quittungskarte nicht zu einer unrichtig ausgestellten machen, sofern noch die Möglichkeit der Identifizierung des Versicherten gegeben ist. Fehlt das Ausstellungsdatum oder die Versicherungsanstalt, so wird die Karte nicht mehr als richtig ausgestellt zu betrachten sein, da ihr ein wesentliches Merkmal für die spätere Verwirk-

1) Invaliden- und Hinterbliebenenversicherung Anm. 5 zu § 1445 S. 635.

2) Rosin, Recht der Arbeiterversicherung Bd. 2 S. 533.

lichung des Rentenanspruchs fehlt. Dies trifft ohne Zweifel auch dann zu, wenn die Karte verfälscht oder sonst in unzulässiger Weise verändert wird, etwa durch Änderung des Ausstellungsdatums.

b) Die Quittungskarte muß rechtzeitig zum Umtausch eingereicht sein, d. h. innerhalb zwei Jahren nach dem Tage der Ausstellung, wobei dieser nicht mitgerechnet wird. Ist diese zweijährige Umtauschfrist versäumt, so erlischt dadurch die Anwartschaft ebensowenig, wie die Anrechnungsfähigkeit der auf ihr verwendeten Marken ausgeschlossen wurde. Die Unterlassung oder Verspätung des Umtauschs ist jedoch insofern von Bedeutung, als dem Versicherten im Streitfalle der Beweis obliegt, daß die Anwartschaft erhalten ist (§ 142 Satz 2); dagegen hat die Versicherungsanstalt, falls die Karte rechtzeitig umgetauscht ist, zu beweisen, daß der Versicherte den Anforderungen des Gesetzes zur Wahrung der Anwartschaft nicht genügt hat, d. h. daß für die einzelnen Anwartschaftsfristen nicht ausreichend Beiträge entrichtet sind [3]). Ist daher die Anwartschaft zweifellos erhalten und läßt der Inhalt der Karte unbedenklich erkennen, daß die einzelnen Anwartschaftsfristen genügend mit Beiträgen belegt sind, so ist der Versäumung der Umtauschfrist keine Bedeutung beizulegen [4]).

c) Schließlich wird verlangt, daß die Marken der Quittungskarte ordnungsmäßig verwendet sind. Sie müssen demnach eingeklebt, wohl auch entwertet sein [5]). Die Ordnungsmäßigkeit wird auch dann noch gewahrt sein, falls Marken der unzuständigen Versicherungsanstalt beigebracht sind. Überhaupt genügen die verwerteten Marken der Anforderung einer ordnungsmäßigen Verwendung, wenn sie ihrer äußeren Erscheinung nach ordnungsmäßig verwendet sind und nach dem Inhalte der Quittungskarte, insbesondere dem Ausstellungsdatum nach, ordnungsmäßig verwendet sein

3) AN 1902 Rev. E. 981 S. 474.

4) AN 1896 Rev. E. 479 S. 152; AN 1897 Rev. E. 623 S. 594; AN 1902 Rev. E. 981 S. 474.

5) So Gebhard-Düttmann, Kommentar zum Invalidenversicherungsgesetz Anm. 2 Abs. 3 zu § 147. A. M. Rosin a. a. O. Bd. 2 S. 533 Anm. 13.

können [6]. Dazu gehört ferner, daß sie rechtzeitig verwendet werden, worunter nach gesetzlicher Bestimmung die Markenverwendung innerhalb eines Monats nach Fälligkeit der Beiträge zu verstehen ist. Ordnungsmäßig sind jedoch nicht diejenigen Marken verwendet, die in größerer Anzahl für das Kalenderjahr eingeklebt sind, als es Beitragswochen hat.

Sind diese Voraussetzungen erfüllt, so wird zugunsten der in der Quittungskarte bezeichneten Person vermutet, daß während der belegten Beitragswochen ein Versicherungsverhältnis bestanden hat. Die Vermutung hat jedoch nur dann einen materiellen Rechtsgrund, wenn die in Frage stehende Person versicherungspflichtig oder -berechtigt ist, d. h. die bloße Beitragsentrichtung kann der gesetzlichen Fiktion materielle Rechtskraft nicht verleihen. Indessen hat das Bestehen der gesetzlichen Vermutung nicht die Bedeutung, daß die Versicherungsanstalt allemal für das Nichtbestehen eines Versicherungsverhältnisses den Beweis zu erbringen habe. Denn im Rentenverfahren kann, anders als im Zivilprozeß, von einer Beweislast nicht gesprochen werden, da in einer Materie des öffentlichen Rechts eine Herrschaft der Parteien über den Prozeßstoff nicht besteht, vielmehr die materielle Wahrheit von Amts wegen zu erforschen ist [7]. Durch die gesetzliche Vermutung soll nur zum Ausdruck gebracht werden, daß regelmäßig bei gehöriger Erfüllung der erforderlichen Voraussetzungen eine Nachprüfung über das Vorhandensein eines Versicherungsverhältnisses entbehrlich wird. Es wird daher ein Versicherungsverhältnis auf Grund des § 1445 Abs. 1 so lange als bestehend betrachtet, als sich begründete Bedenken gegen sein Vorliegen nicht ergeben [8], wodurch natürlich die Prüfungsverpflichtung der Recht sprechenden Organe nicht beseitigt wird.

Da die Vermutung nur zugunsten eines Versicherungsverhältnisses schlechthin vorgesehen ist, so bleibt dennoch im Einzelfalle die Frage offen, welche Art der Versicherung,

---

6) Weymann Anm. 3 zu § 1445 S. 634.

7) AN 1911 Rev. E. 1548 S. 420.

8) AN 1904 Rev. E. 1137 S. 478.

ob Zwangs- oder Selbst- oder Weiterversicherung vorliegt, deren Entscheidung unter Umständen wegen der Bestimmungen der §§ 1278, 1279 über Anwartschaft und Wartezeit von Bedeutung sein kann.

Sind jedoch die Marken über einen Monat nach Fälligkeit der Beiträge oder in größerer Anzahl für das Kalenderjahr eingeklebt, als es Beitragswochen hat, so gilt die Vermutung nicht. Von diesem Rechtsnachteil werden nicht alle beigebrachten Marken betroffen, sondern nur diejenigen, die verspätet oder tatsächlich zu viel verwendet wurden. Daß dies wohl die zutreffende Ansicht ist, ergibt sich aus der Begründung zu § 1445 [9]), wonach man die Vorschriften des § 147 IVG. inhaltlich und materiell unverändert übernehmen wollte. Dort heißt es, daß „diese Vermutung insoweit nicht stattfindet", woraus erhellt, daß die Vermutung soweit reicht, als die Marken ordnungsgemäß verwendet sind und daß nur die nicht ordnungsgemäß beigebrachten Marken die Rechtsvermutung nicht beanspruchen können.

Die Frage, ob die Vermutung des § 1445 Abs. 1 auch für das Einzugsverfahren Platz greift, wird man mit Hanow [10]) bejahen können. Insbesondere spricht dafür das Argument, daß es die Absicht des Gesetzgebers nicht gewesen sein kann, die Vorteile, die § 1445 Abs. 1 bietet, den Versicherten im Einzugsverfahren zu versagen.

Ist der Versicherte im Zweifel, ob seine Versicherung zu Recht besteht, oder will er sich davor bewahren, im Unterstützungsfalle seinen Rentenanspruch trotz der beigebrachten Marken abgewiesen zu sehen, so ist er nach Absatz 2 a. a. O. berechtigt, von der Versicherungsanstalt die Feststellung der Gültigkeit der verwendeten Marken zu verlangen. Nach der Rechtsprechung [11]) war es allerdings zulässig, das Verlangen, die Gültigkeit schon verwendeter Marken festzustellen, zum Gegenstande eines Streitverfahrens gemäß § 155 IVG. zu machen, obgleich der strenge

---

9) Begründung der RVO. S. 430, 428.

10) a. a. O. Anm. 8 zu § 1445 S. 483; ebenso AN 1900 Besch. 865 S. 842 und Weymann, a. a. O. Anm. 1 zu § 1445 S. 634.

11) AN 1907 Rev. E. 1333 S. 553.

Wortlaut des Paragraphen diese Möglichkeit nicht im Auge hatte. Indessen mußte eine derartige Feststellung künstlich herbeigeführt werden, so daß der Weg, Gewißheit über einen Rentenanspruch zu erlangen, in den meisten Fällen nicht gangbar war. Die Schwierigkeiten werden durch § 1445 Abs. 2 Satz 1 endgültig beseitigt. Während also im bisherigen Rechte eine Gültigkeitserklärung der bereits verwendeten Marken und damit eine Anerkennung der Versicherungspflicht oder Versicherungsberechtigung nur in einem Streitverfahren möglich war, ist ein solches Verfahren heutigen Tages nur erforderlich, wenn die Versicherungsanstalt sich weigert, die Gültigkeit der Marken anzuerkennen. Also auch außerhalb eines Streitverfahrens ist die Versicherungsanstalt nach geltendem Recht ermächtigt, bereits verwendete Marken als gültig anzuerkennen. Tut sie dies, so ist das Anerkenntnis für die Instanzen des Rentenstreitverfahrens ebenso bindend wie eine Entscheidung aus § 1459 [12]).

Auch nach geltendem Recht bleibt die Möglichkeit bestehen, die Feststellung der Gültigkeit der verwendeten Marken in einem Streitverfahren zu verlangen; nur wird dieses Mittel dann nicht zu empfehlen sein, wenn der Versicherte schon vor Eintreten der Invalidität Gewißheit haben will, ob er Anspruch auf eine Rente hat oder nicht. Jedenfalls wird man ihm nicht empfehlen können, wie Weymann a. a. O. es tut, mit der Feststellung der Markengültigkeit zu warten, bis die Hilfsbedürftigkeit eingetreten ist, da er sich, wenn ihm rechtzeitig der Standpunkt der Versicherungsanstalt bekannt geworden wäre, anderweit hätte versichern können.

2. Ihre Wirkung.

Hat jedoch die Versicherungsanstalt die Versicherungspflicht oder Versicherungsberechtigung einmal anerkannt, so ist sie an ihr Anerkenntnis endgültig gebunden, sie kann also einen späteren Rentenanspruch nicht mit der Begründung ablehnen, die Marken seien zu Unrecht verwendet. Da demnach nur entweder die Versicherungspflichtigkeit oder

12) Weymann, a. a. O. Anm. 5 zu § 1445 S. 635.

die Versicherungsberechtigung durch die Versicherungsanstalt anerkannt werden können, so werden auch nach heutigem Rechte diejenigen Personen des gesetzlichen Schutzes noch entbehren müssen, welche zu keiner der beiden Gruppen gehören. Während die Krankenversicherung im § 213 für weder Versicherungspflichtige noch -berechtigte die Möglichkeit einer formalen Versicherung schafft, verbietet die exakte Fassung des Abs. 2 Satz 2 § 1445 die Ausdehnung dieses Grundsatzes auf solche Personen. Zwar ist es dem Versicherten unbenommen, nach Satz 1 die Feststellung der Gültigkeit seiner verwendeten Marken zu verlangen; indessen wird dieser meistens gar nicht auf den Gedanken kommen, besonders wenn ihm die Möglichkeit eines Feststellungsverfahrens unbekannt ist und er zudem im besten Glauben an einen späteren Rentenanspruch die Lasten der Versicherung getragen hat, sich bescheinigen zu lassen, daß seine Marken gültig verwendet worden sind. Wird demnächst sein Rentenanspruch abgelehnt, so trifft ihn die Enttäuschung um so empfindlicher. Aus diesem Grunde hält es Weymann [13]) für zulässig, den Satz 2 hinsichtlich des Umfanges des abzugebenden Anerkenntnisses auf Satz 1 ausdehnend auszulegen. Der Versicherte kann, wie gesagt, verlangen, daß die Gültigkeit der verwendeten Marken festgestellt werde, worunter nur solche Marken zu verstehen sind, die nicht schon vorher einmal verwendet waren [14]). Wird demgemäß nachgewiesen, daß bereits verwendete Marken eingeklebt wurden, so wird die etwa getroffene Feststellung der Gültigkeit insoweit hinfällig, als sie sich auf diese Marken bezieht. Werden nun an Stelle dieser untauglichen gültige Marken nachentrichtet, soweit dies nach §§ 1442—1444 noch möglich ist, so werden auch diese Marken von der Feststellung erfaßt [15]). Die Frage nach der Gültigkeit erstreckt sich also auch auf die möglichen nachträglich beigebrachten Marken. Wenn nun die verlangte Feststellung der Gültigkeit sich auf alle Möglichkeiten der

---

13) a. a. O. Anm. 4 S. 636.

14) AN 1906 Rev. E. 1254 S. 286.

15) So auch Weymann a. a. O. Anm. 9 S. 637.

Verwendung von Marken und auf alle Rechtsverhältnisse erstreckt, die hierzu geführt haben, wenn ferner die Kommissionsverhandlungen nicht ersichtlich machen, daß die Beschränkung des Anerkenntnisses auf Versicherungspflicht und Versicherungsberechtigung in Satz 2 bewußt gewollt ist, so dürfte anzunehmen sein, daß der engere Ausdruck des Satzes 2 als pars pro toto aufzufassen ist, und daß auch das hinsichtlich der übrigen Gültigkeitsfragen abgegebene Anerkenntnis die bindende Wirkung des Satzes 2 hat. Sonst würde, wie Weymann mit Recht annimmt, die nach Satz 1 feststehende Befugnis, eine Feststellung über alle diese Fragen zu verlangen, ein Messer ohne Schneide sein.

Das Feststellungsverfahren des Abs. 2 Satz 1 wird sicherlich geeignet sein, eine formale Versicherung im weitesten Umfange entstehen zu lassen, doch wird die rechtsbegründende Wirkung des Anerkenntnisses des Satzes 2 auf Versicherungspflicht und Versicherungsberechtigung beschränkt bleiben müssen. Die Anerkennung der Versicherungspflicht oder der Versicherungsberechtigung durch die Versicherungsanstalt gemäß Abs. 2 Satz 2 a. a. O. ist nicht nur dann rechtswirksam, wenn der Versicherte nach Satz 1 die Feststellung der Gültigkeit der verwendeten Marken verlangt hat, wie man aus der Zusammenfassung beider Sätze in einem Absatz folgern könnte. Dem Satz 2 kommt vielmehr die Bedeutung eines selbständigen Rechtssatzes zu, wiewohl er häufig nur die Fortsetzung und Erledigung des ersten Satzes sein wird. Die allgemeine Fassung, daß ein Anerkenntnis der Versicherungsanstalt versicherungsbegründende Wirkung habe, läßt nicht erkennen, daß dieses notwendig nur nach einem gemäß Satz 1 gestellten Verlangen abgegeben werden könne. Das Anerkenntnis ist vielmehr auch dann bindend, wenn es außerhalb jenes Feststellungsverfahrens erfolgt, gleichgültig aus welchem Anlaß, z. B. auf bloße Anfrage des Versicherten oder dessen Arbeitgebers oder von Amts wegen auf Grund der Anzeige eines Kontrollbeamten oder vor einer Instanz des Rentenstreitverfahrens „sofern es sich nur um ein förmliches Anerkenntnis der konkreten Beitragsleistung handelt" [16]. Dies geht deutlich

16) Weymann a. a. O. Anm. 3 S. 636; AN 1912 Rev. E. 159 S. 676.

aus dem Willen des Gesetzgebers hervor. Mit der Einfügung der Absätze 2 und 3 zu § 1445 war beabsichtigt, Personen, die in gutem Glauben mit Zustimmung oder doch ohne Widerspruch der Versicherungsanstalt Beiträge geleistet hatten, davor zu schützen, daß ihnen bei Rentenansprüchen entgegengehalten würde, die Verwendung von Marken sei zu Unrecht erfolgt, wobei von einem vorgängigen Feststellungsverlangen nicht die Rede war. Und dieses Schutzes bedurften sie um so mehr, als mitunter sogar das Verlangen der Versicherungsanstalt, häufig unterstützt durch Strafandrohung, die Veranlassung zur Markenverwendung gewesen sein wird. Ist demnach das Anerkenntnis der Versicherungsanstalt durchaus unabhängig davon, ob der Versicherte ein Verfahren zur Klarstellung seines Versicherungsverhältnisses herbeigeführt hat, so ergibt sich daraus zugleich, daß nicht unbedingt Marken verwendet sein müssen, auf deren Gültigkeit sich das Anerkenntnis bezöge. Ein solches ist daher möglich, falls eine Markenverwendung überhaupt noch nicht stattgefunden hat, der Versicherte sich vielmehr zunächst vergewissern will, ob er versicherungspflichtig oder -berechtigt oder keins von beiden ist, ehe er seine Beiträge entrichtet. Da die unbedingte Zusammengehörigkeit von Satz 1 und 2 des Abs. 2 § 1445 verneint werden muß, so ergibt sich, daß das Anerkenntnis der Versicherungsanstalt nicht nur die Vergangenheit und Gegenwart, sondern auch die Zukunft ergreift, letztere naturgemäß nur dann, wenn in den Verhältnissen des Versicherten keine rechtlich erhebliche Änderung eingetreten ist. Dieser Gedanke leitete den Gesetzgeber auch bei Abfassung des eine formale Versicherung schaffenden § 315 RVO.: „solange sich sein Beschäftigungsverhältnis nicht ändert" [17]). Die praktische Bedeutung der Auffassung, das selbständig mögliche Anerkenntnis der Versicherungsanstalt erstrecke sich gegebenenfalls auch auf die Zukunft, ist einleuchtend; andernfalls wäre bei völlig gleichbleibenden Verhältnissen der Versicherte genötigt, für jede Markenverwertung ein Anerkenntnis der

---

17) So auch AN 1912 Ziffer 1599 S. 676.

18) Siehe Weymann a. a. O. Anm. 5 S. 637.

Versicherungsanstalt herbeizuführen, um der Gefahr zu entgehen, seinen Rentenanspruch, wenn er diese Vorsichtsmaßregel außer acht ließe, später abgewiesen zu sehen [18]). Das zu verhindern war ja die ausgesprochene Absicht des Gesetzgebers bei Einfügung der Absätze 2 und 3.

Von Wichtigkeit ist ferner die Frage, ob und unter welchen Voraussetzungen die Versicherungsanstalt nach Stellung des Rentenantrags ihr früheres Anerkenntnis der Versicherungspflicht oder Versicherungsberechtigung widerrufen oder anfechten kann. Man wird wohl auch für die Auslegung des Abs. 2 a. a. O. den im Abs. 3 ausgesprochenen Grundsatz, daß die betrügerische Verwendung von Marken das Zustandekommen eines formellrechtlichen Versicherungsverhältnisses verhindert, übernehmen können. Dieselbe unredliche Absicht vereitelt gemäß § 213 RVO. die Entstehung einer formalen KV. Es erscheint daher ganz selbstverständlich, daß die Versicherungsanstalt ein abgegebenes Anerkenntnis der Versicherungspflicht oder Versicherungsberechtigung unter Berufung auf betrügerisches oder arglistisches Verhalten des Versicherten oder seines Vertreters oder des zur Fürsorge für ihn Verpflichteten anfechten kann. Darüber hinaus wird man jedoch der Versicherungsanstalt ein allgemeines Anfechtungsrecht ihrer Anerkenntnisse nach den Bestimmungen des BGB. nicht gewähren können, wenigstens dann nicht, wenn der Versicherungsfall bereits eingetreten ist oder Rentenansprüche gestellt sind. Würde man eine Anfechtung wegen Irrtums gemäß § 119 BGB. für zulässig halten, so würde dem Versicherten nach § 122 a. a. O. der entstandene Schaden zu ersetzen, also regelmäßig seine geleisteten Beiträge zurückzuerstatten sein. Die Möglichkeit, durch ein derartiges Mittel sich im entscheidenden Momente der Unterstützungspflicht zu entziehen, widerspricht durchaus dem Geiste des Gesetzes wie der bestimmten Fassung des Satzes 2 a. a. O. Denn wie die bereits angezogene Begründung zu § 1445 deutlich erkennen läßt, sollten mit der Einfügung der Absätze 2 und 3 die bisher zu Tage getretenen Unzuträglichkeiten für die Zukunft unmöglich gemacht werden. Zudem wird im Satz 2 klar zum Ausdruck gebracht, daß ein einmal gegebenes Anerkenntnis der

Versicherungsanstalt das Recht nimmt, einen Rentenanspruch mit der Begründung abzulehnen, die Marken seien zu Unrecht verwendet worden. Die Marken sind stets dann nicht zu Recht verwendet, wenn objektiv eine Verpflichtung oder Berechtigung zu ihrer Verwendung nicht vorhanden war. Hat trotzdem die Versicherungsanstalt die Beitragsentrichtung als zu Recht bestehend anerkannt, so liegt tatsächlich ein Irrtum vor, der entweder durch die nicht vorsätzlich unrichtig abgegebenen Erklärungen — der Fall des Vorsatzes muß hier ausscheiden — der Versicherten oder durch mangelhafte Prüfung der Anstalt selbst hervorgerufen worden ist. Praktisch wäre also eine Anfechtung in jedem Falle möglich und der Zweck der Bestimmung, den Versicherten nach Anerkennung seiner Versicherungspflicht oder Versicherungsberechtigung gegen eine Ablehnung seines Rentenanspruchs zu schützen, völlig vereitelt, was widersinnig erscheinen muß. Das RVA. kommt in der mehrfach erwähnten Entscheidung [19]) zu dem gleichen Ergebnis durch Anwendung der Grundsätze von Treu und Glauben. Während es für das bisherige IVG. eine rechtsbegründende Berufung auf Treu und Glauben in ständiger Rechtsprechung ablehnen zu müssen glaubte, läßt sich für seine veränderte Auffassung anführen, daß nach geltendem Rechte die Versicherungsträger ausdrücklich mit einer Anerkennungsbefugnis ausgestattet sind, was sich nach richtiger Meinung früher nicht begründen ließ. Nunmehr erscheint die Heranziehung der für den Bereich der UV. aufgestellten Grundsätze durchaus gerechtfertigt, wonach „der Versicherungsträger das Recht und die Pflicht hat, für genaue Aufklärung aller in Betracht kommenden Verhältnisse Sorge zu tragen. Nachdem er aber seine Entscheidung getroffen, muß ihm das Recht versagt werden, bei der Fälligkeit oder Inanspruchnahme einer Versicherungsleistung das Anerkenntnis als unwirksam zu behandeln, es sei denn, daß das Anerkenntnis durch Arglist erwirkt war" [20]).

Unter den gegebenen Voraussetzungen ist demnach sowohl eine Ablehnung des Rentenanspruchs wie eine Anfech-

19) AN 1912 Rev. E. 1599 S. 679.

20) Vgl. Handbuch der UV. Bd. 1 Anm. 5 zu § 59 S. 450.

tung des abgegebenen Anerkenntnisses nach Eintritt des Versicherungsfalls rechtlich unzulässig. Daraus ergibt sich aber zugleich, daß eine Anfechtung vor erhobenem Rentenanspruch oder wenigstens so lange, wie noch nicht eine zur Erfüllung der Wartezeit erforderliche Anzahl von Marken verwendet worden ist, möglich sein wird. Insbesondere wird regelmäßig § 119 BGB. Anwendung finden können, da anzunehmen ist, daß die Versicherungsanstalt das Anerkenntnis nicht abgegeben haben würde, wenn ihr die Nichtversicherungspflichtigkeit oder Nichtversicherungsberechtigung der in Frage stehenden Person bekannt gewesen wäre [21]). Aus der allgemeinen Fassung der cit. Anmerkung wird nicht zur Genüge ersichtlich, ob Weymann ein Anfechtungsrecht der Versicherungsanstalt für alle Fälle des § 1145 Abs. 2 annimmt. Zuzustimmen ist ihm nur insoweit, als eine Anfechtung zulässig ist, so lange ein Rentenanspruch nicht gestellt ist, — vorbehaltlich der im Abs. 3 a. a. O. gegebenen Zeitbegrenzung, — abzulehnen ist seine Auffassung, falls sie auch nach Eintritt des Versicherungsfalls ein Anfechtungsrecht für zulässig halten sollte, wie oben zum Teil unter Berufung auf die jüngste Rechtsprechung des RVA. im einzelnen dargelegt wurde.

Durch das Anerkenntnis der Versicherungsanstalt wird nicht nur der persönliche Rentenanspruch des Versicherten geschützt, sondern es werden auch die Ansprüche der Hinterbliebenen auf Witwengeld und Waisenaussteuer mitumfaßt.

Als ein praktisch weitaus wirksamerer Schutz gegen zu Tage getretene Mißstände stellt sich die Vorschrift des Abs. 3 a. a. O. dar; denn durch sie wird nach Ablauf von zehn Jahren der Versicherungsanstalt — abgesehen vom Betrugsfall — jede Anfechtungsmöglichkeit genommen und zugunsten des Versicherten ein rechtswirksames Versicherungsverhältnis geschaffen, „ohne daß es auf den Rechtsgrund der Markenverwendung oder auch nur darauf ankommt, ob ein solcher Rechtsgrund überhaupt vorgelegen hat" [22]). Hier ist demnach der im Rahmen des Abs. 2 ver-

21) Ebenso Weymann, a. a. O. Anm. 2 S. 636.

22) AN 1912 Rev. E. 1600 S. 680.

mißte Schutz solcher Personen möglich, die, ohne versicherungspflichtig oder versicherungsberechtigt zu sein, jahrelang ihre Beiträge entrichtet haben, häufig auf Grund einer unrichtigen Auskunft, die sie vielleicht bei der Gemeindebehörde erhalten haben. Damit wird eine weitere Personenkreise umfassende Fürsorge entsprechend der in der Tat ein tiefgefühltes Bedürfnis befriedigenden Vorschrift des § 213 RVO. gewährleistet. Indessen kann der neu geschaffene Rechtszustand nicht vollständig befriedigen; die reichlich bemessene Frist von zehn Jahren — vgl. die nur einjährige Frist des § 208 AVG. — schließt die Möglichkeit in sich, daß nach Ablauf eines Zeitraums von 9 Jahren etwa die Versicherungsanstalt dem Versicherten erklärt, er habe seine Marken zu Unrecht verwendet und könne daher einen Rentenanspruch nicht erheben, oder, falls sie bereits ein Anerkenntnis abgegeben haben sollte, dieses wegen Irrtums anficht, was ja, wie wir sahen, rechtlich zulässig ist, soweit der Fall der Rentengewährung nicht eingetreten ist.

Die sich in der Neuregelung des Abs. 3 a. a. O. zunächst darbietende Frage, ob die Schutzbestimmung, die nach Ablauf von zehn Jahren existent wird, auch auf solche Quittungskarten Anwendung finden müsse, die vor dem 1. Januar 1912 aufgerechnet worden sind, beantwortet sich aus Art. 79 EG. zur RVO., wonach schwebende Ansprüche auf Invalidenrente den Vorschriften der RVO. unterliegen, wenn diese für den Berechtigten günstiger ist. Die im Abs. 3 geschaffene Möglichkeit einer formalen Versicherung ist ein zweifelloser Fortschritt gegenüber dem bisherigen Rechtszustand, der eine derartige Versicherung für unzulässig erklärte; denn der Ausschluß einer Anfechtung der rechtsgültigen Markenverwendung nach Ablauf von zehn Jahren seit Aufrechnung der Quittungskarte ist eben die bei weitem günstigere Bestimmung. Was nach Art. 79 schon für schwebende Ansprüche gilt, muß sicherlich auch für die nach dem 1. Januar 1912 erhobenen Ansprüche gelten. Es ist indessen nicht einzusehen, wie man über die Auslegung jener Vorschrift des Abs. 3 a. a. O. im Zweifel sein kann, der sich in einer längeren Abhandlung in Arbeiter-Versorgung 1912 S. 244 ff. offenbart. Das Gesetz ist am 1. Januar 1912 in

Kraft getreten, d. h. seine Wirkungen treten erst von diesem Zeitpunkte an ein. Die Ursachen und Rechtsverhältnisse, die jene Wirkungen vorbereiten und herbeiführen, müssen nicht notwendig im zeitlichen Herrschaftsbereiche des neuen Gesetzes liegen. Wäre man dieser Auffassung gewesen, so hätte sie im Gesetze zum Ausdruck gelangen müssen, wie dies mehrfach gescheheh ist, z. B. bezüglich des Kinderzuschusses im EG. zur RVO. Art. 71 Abs. 3 usw. Eine solche Annahme würde überdies zur Folge haben, daß die Bestimmung des Abs. 3 erst vom 1. Januar 1922 ab ihre wohltätige Wirkung äußern könnte, was sicherlich nicht bezweckt war. Zudem gebietet der Wortlaut, daß jede, auch die in der Zeit vor dem 1. Januar 1912 aufgerechnete Karte für die Berechnung der 10jährigen Frist mitzählt. Über diesen m. E. ganz unstrittigen Punkt ist denn auch die Rechtsprechung des RVA. [23]), ohne irgendwelche Zweifel zu haben, hinweggegangen. Sie stellt ausdrücklich fest, daß aus den 10 Jahre lang aufgerechneten Beitragsmarken der Kläger ein „unanfechtbares materielles Versicherungsrecht erworben hat, ohne daß es auf den Rechtsgrund der Markenverwendung oder auch nur darauf ankommt, ob ein solcher Rechtsgrund überhaupt vorgelegen hat". Diese Entscheidungen, die doch nur die nicht mißzuverstehende Fassung des Abs. 3 a. a. O. mit anderen Worten wiedergeben, lassen die Schlußfolgerung des S. 145 unten cit. Artikels ganz unbegreiflich erscheinen, nach welcher der Versicherte die Rechtsgültigkeit der in den letzten 10 Jahren geleisteten Beiträge zu beweisen habe. Die Vorschrift bezweckte doch gerade, den häufig unmöglichen Beweis entbehrlich zu machen, daß für die Beibringung von Marken ein Rechtsgrund vorgelegen habe.

Nach Ablauf dieser Frist kann also die r e c h t s g ü l t i g e Verwendung nicht mehr angefochten werden, wobei es der Versicherungsanstalt unbenommen sein wird, einzuwenden, daß eine Verwendung im Sinne des Gesetzes nicht vorliege; das gilt insbesondere dann, wenn Marken, die bereits früher einmal verwendet waren, für die in Frage stehenden Karten nochmals benutzt wurden [24]).

23) AN 1912 Ziffer 1600 S. 680; Ziffer 1601 S. 681.

24) Vgl. oben S. 137.

Das wesentlichste Erfordernis für die Ausschließung des Anfechtungsrechts der Versicherungsanstalt nach Ablauf von 10 Jahren ist die formgültige Aufrechnung der Quittungskarten, d. h. der Aufrechnungsvermerk muß sich im vorgeschriebenen ordnungsmäßigen Zustande befinden, der ihm erst die Rechtswirkung verleiht. Unter allen Umständen muß also eine Aufrechnung überhaupt stattgefunden haben. Ist sie unterblieben, so wird man, obwohl sie an sich nur eine Ordnungsvorschrift ist, nicht umhin können, in einem solchen Falle den Schutz des Abs. 3 zu versagen, da die ausdrückliche Gesetzesbestimmung einen andersgearteten Tatbestand verlangt. Wenn wir auch mit Weymann [25]) wünschen möchten, daß auch solchen Personen, deren Quittungskarten durch irgend ein Mißgeschick nicht aufgerechnet worden sind, der Schutz des Gesetzes zuteil werde, so darf dieser Wunsch doch nicht dazu führen, die einmal gegebenen Vorschriften des Gesetzes umgehen zu wollen. Daß nicht stets der Buchstabe des Gesetzes maßgebend sein darf, sondern es letzten Endes auf den Willen des Gesetzgebers ankommt, ist uns fast selbstverständliche Gewohnheit geworden. Falsch wäre es, da, wo der Ausdruck des Gesetzes eine von der Partei sehnlichst gewünschte Interpretation verbietet, diese dennoch unter Berufung auf den allgemein sozialen Grundgedanken des Gesetzes gutheißen zu wollen. Wie weit man in dieser Beziehung vernünftigerweise gehen kann, zeigen die bereits cit. Entscheidungen des RVA. Nr. 1600 und 1601, die im Bereiche der IV. zu den neuen Vorschriften des § 1445 RVO. Stellung nehmen. Insbesondere macht die Entscheidung 1600 jener Auffassung [26]), daß § 1445 Abs. 3 nicht einmal die Vermutung für das Fortbestehen eines dem Gesetze entsprechenden Versicherungsverhältnisses während der 10jährigen Frist gewähre, dadurch ein Ende, daß sie klar ausspricht, „die durch Abs. 3 geschützten Marken können ohne weiteres als Pflicht- oder Selbstversicherungsbeiträge nach § 1278 Nr. 1 oder nach § 1279 Abs. 1 RVO. auf die Wartezeit angerechnet werden".

---

25) a. a. O. Anm. 6 S. 638.

26) Arb.-Vers. 1912 S. 246.

Das RVA. bleibt durchaus auf dem Boden der Rechtssätze des § 1445 Abs. 3, wenn es fortfährt, daß diese geschützten Marken „als geeignet anzusehen sind, das Recht der Weiterversicherung oder der Fortsetzung der Selbstversicherung mit Wirkung auf die später verwendeten, nicht mehr unter diesem Schutze stehenden Marken zu begründen, so daß letztere entweder als zur Weiterversicherung oder als zur Fortsetzung der Selbstversicherung verwendet zu gelten haben, selbst wenn sie — für sich betrachtet — als ungültig anzusehen wären; denn sonst würde der Zweck des § 1445 Abs. 3 nicht erreicht werden können". Dieser Zweck ist eben, dem Versicherten, der während 10 Jahren nur tatsächlich, d. h. ohne sich bewußt zu sein, daß seine Markenverwendung des rechtlichen Grundes entbehrt, Marken beibringt, einen materiell unanfechtbaren Rentenanspruch zu gewährleisten: durch den Willen des Gesetzes wird aus dem tatsächlichen ein rechtliches Verhältnis. Infolgedessen müssen notwendig alle über diesen Zeitraum hinaus verwendeten Marken, da sie durch den Schutz des Gesetzes noch nicht in „materielle Rechtskraft" erwachsen sind, so angesehen werden, als seien sie zum Zwecke der Weiterversicherung oder der Fortsetzung der Selbstversicherung beigebracht worden, solange natürlich die Versicherungsanstalt hierzu keine Stellung genommen hat. Diese Entscheidung hat sich in der Tat freigemacht von einer engherzigen Wortauslegung, indem sie es insbesondere verschmähte, die nach § 1445 Abs. 3 mögliche Entstehung einer Weiterversicherung oder Fortsetzung einer Selbstversicherung im Hinblick auf § 1446 RVO. abzulehnen. Im übrigen wird man auf derartige Fälle letzteren Paragraphen wohl nicht in Anwendung bringen können; denn die durch den Fristablauf nunmehr geschützten Marken können nicht mehr als irrtümlich geleistete Beiträge angesehen werden.

Die rechtliche Bedeutung des § 1445 Abs. 3 liegt also darin, daß — abgesehen von einem betrügerischen Verhalten des Versicherten, seines Vertreters oder Fürsorgeverpflichteten — nach Ablauf von 10 Jahren seit der Aufrechnung die Rechtsgültigkeit der verwendeten, in der Aufrechnung bescheinigten Marken durch die Versicherungsanstalt nicht mehr bestritten werden kann. Das durch Fristablauf unbestreitbar gewordene Versicherungsverhältnis ist daher genau wie das durch Anerkenntnis gemäß Abs. 2 geschaffene geeignet, eine Fortsetzung der Versicherung zu ermöglichen. Da aber die unanfechtbar gewordenen Marken, wie wir oben sahen, als Pflicht- oder Selbstversicherungsbeiträge anzusehen sind, so bleibt im Einzelfalle stets zu prüfen, welche Art der Versicherung anzunehmen ist. Die Notwendigkeit hierzu ist deshalb gegeben, weil einmal die Zahl der Beiträge, die zur Erhaltung der Anwartschaft erfordert werden, verschieden ist, je nachdem die Pflicht- und Weiterversicherung oder die freiwillige Selbstversicherung und die Fortsetzung derselben in Frage steht (§§ 1280, 1282), und zum andern es nicht ausgeschlossen erscheint, daß die Absicht der Beteiligten erkennbar in die Erscheinung getreten ist und den Schluß auf eine bestimmte Versicherungsart zuläßt.

Dem Absatz 3 kommt die weittragende Bedeutung zu, wie sie sich uns darstellte, aber auch nur d i e s e. Lediglich die rechtsgültige Verwendung der Marken wird geschützt, ein weitergehendes Vorrecht nicht geschaffen. Insbesondere werden die sonst gesetzlich erforderten Voraussetzungen für die Begründung eines Rentenanspruchs nicht entbehrlich und überflüssig. Liegen diese nicht vor, so wird auch die durch den Ablauf der 10jährigen Schutzfrist unanfechtbare Markenverwendung nichts nützen. Vor allem muß die Anwartschaft aus diesen Karten nach §§ 1280 ff. RVO. gewahrt sein. Denn die Vorschrift des § 1445 Abs. 3 vermag, da sie ja nur eine formale Versicherung begründen soll, nicht größere Vorteile zu gewähren als es eine rechtsgültige Markenverwendung überhaupt tun kann; diese schützt aber nicht gegen den Verlust der Anwartschaft [27]). Was für die materielle Versicherung gilt, gilt ebenso für die formale, und Abs. 3 gewährt nur die Möglichkeit, aus einem tatsächlichen einen materiellen Rechtszustand durch Zeitablauf zu schaffen.

Gemäß Art. 79 EG. zur RVO., wonach Ansprüche auf Invaliden- und Altersrenten, über die am 1. Januar 1912

27) AN 1912 Rev. E. 1602 S. 682.

das Feststellungsverfahren noch schwebt, den Vorschriften der RVO. unterliegen, wenn diese für die Berechtigten günstiger ist, haben die entwickelten Grundsätze als ein zweifelloser Fortschritt gegenüber dem bisherigen Rechte auf alle die Fälle Anwendung zu finden, die entweder in Streit befangen sind oder in Zukunft sein werden, ohne Rücksicht darauf, in welcher Zeitepoche das Versicherungsverhältnis seinen Anfang genommen hat. Infolge dieser Vorschrift wird es nach heutiger Rechtslage möglich sein, die Versicherungsanstalt für ein Anerkenntnis der Versicherungspflicht oder -berechtigung, das sie vor dem 1. Januar 1912 abgegeben hat und dem nach früherer oberstgerichtlicher und wissenschaftlicher Auffassung rechtsbegründende Bedeutung nicht beigemessen worden ist, in Anspruch zu nehmen. So wenig es in der Absicht des Gesetzgebers lag, die rechtliche Wirkung des Abs. 3 erst vom 1. Januar 1922 ab zu ermöglichen, sondern auch die bereits vor Inkrafttreten der IV. aufgerechneten Quittungskarten zu schützen, so wenig wollte man eine Anerkennungsbefugnis der Versicherungsanstalt nur für die Zukunft schaffen. Eine zeitlich begrenzte Behandlung nach Fällen, in denen in der Vergangenheit ein Anerkenntnis erfolgte, und solchen, in denen noch in der Zukunft ein Versicherungsverhältnis anerkannt werden wird, ist nicht gewollt, da die Gesetzgebungsverhandlungen nirgends eine derartige Absicht erkennen lassen [28]. Dies wird für die Versicherungsanstalten die unerwünschte Folge haben, daß sie für vielleicht voreilig abgegebene Anerkenntnisse, die sie nach bisheriger Rechtsauffassung ohne Gefahr abgeben konnten, mit Erfolg in Anspruch genommen werden.

Gegenüber der bisherigen Rechtsübung auf dem Gebiete der IV., daß ein Versicherungsverhältnis nur dann durch Entrichtung und Annahme von Beiträgen zur Entstehung gelangt, wenn gesetzliche Beitragspflicht oder -berechtigung vorliegt, hat die Neuregelung des § 1445 Abs. 2 und 3 RVO. der formalen Versicherung eine feste rechtliche Grundlage verliehen. Wie sehr die Einfügung der neuen Vorschrift einem tiefgefühlten Bedürfnis entsprach, erhellt aus der

---

28) AN 1912 Ziffer 1599 S. 676 ff.

Tatsache, daß von den ersten 5 Entscheidungen des RVA., die sich mit dem nunmehrigen Rechtszustand befassen, nicht weniger als 4 zu der Möglichkeit der formalen Versicherung gemäß Abs. 2 und 3 grundsätzliche Stellung nahmen. Und man kann mit Genugtuung feststellen, daß das RVA. nicht in engherziger, am Buchstaben haftender Auslegung, sondern in freier, den Erfordernissen des sozialen Lebens gerecht werdender Auffassung über die ihm unterbreiteten Fälle zu Gericht gesessen hat. Obwohl Gesetz wie Rechtsprechung einen anerkennenswerten Schritt in der Fortentwicklung sozialer Fürsorge getan haben, so wird man doch nicht verhehlen können, daß die neue Bestimmung des § 1445 nicht alle Härten zu beseitigen vermochte. Insbesondere werden nach Abs. 2 Personen, die weder versicherungspflichtig noch versicherungsberechtigt sind, auch in Zukunft des sozialen Versicherungsschutzes entbehren müssen, obwohl sie wähnten, durch langjährige Beitragsleistungen sich ein Rentenanrecht erworben zu haben. Die Tatsache ferner, daß ohne ein vorgängiges Feststellungsverfahren oder Anerkenntnis der Versicherungsfähigkeit erst nach Ablauf von 10 Jahren ein materiell unbestreitbares Versicherungsverhältnis begründet wird, läßt immerhin die harte Möglichkeit zu, daß kurz vor Ablauf der etwas langwierigen Frist eine Anfechtung der Rechtsgültigkeit der verwendeten Marken durch die Versicherungsanstalt erfolgt, wodurch die Vorschrift, die von besonderer Bedeutung für den wirtschaftlich schwachen Arbeiter hätte werden können, in ein Nichts zerfällt.

Am Schlusse unserer Erörterung können wir folgendes als Ergebnis feststellen:

Gegenüber dem früheren Arbeiterversicherungsrecht hat die RVO. eine formale Versicherung sowohl in der Kranken- wie in der Invaliden- und Altersversicherung ausdrücklich anerkannt, während eine solche im Bereiche der Unfallversicherung eine besondere Regelung nicht gefunden hat, da in diesem Rechtsgebiet die Verhältnisse sich gegen früher in keiner Weise verändert haben, so daß auch hier die Entstehung eines formalen Entschädigungsanspruchs möglich bleiben wird. Formell gegen Krankheit können also im Rahmen der §§ 213, 315 RVO. sowohl Personen versichert werden, die weder versicherungspflichtig noch versicherungsberechtigt sind, als auch solche, die zwar versicherungspflichtig, aber bei der unzuständigen Kasse angemeldet sind. Damit ist auch zugleich die Anwendbarkeit der neuen Vorschrift fest begrenzt. Auch nach demnächst geltendem Recht wird ein bei unzuständiger Kasse angemeldeter Versicherungsberechtigter jederzeit mit seinen Unterstützungs-Ansprüchen abgewiesen werden ebenso wie ceteris paribus ein Versicherungspflichtiger vor Ablauf der Schutzfrist von drei Monaten. In der Unfallversicherung wird nach dem derzeitigen Stande der Rechtsprechung ein formellrechtliches Versicherungsverhältnis in einem dem praktischen Bedürfnis durchaus gerecht werdenden Umfange rechtswirksam werden können. Die Invaliden- und Hinterbliebenenversicherung des neuen Rechts endlich ermöglicht durch die Schaffung eines versicherungbegründenden Anerkenntnisses der Versicherungsanstalt die Geltendmachung eines formalen Rentenanspruchs. Doch sind auch hier die Maschen des Gesetzes nicht so eng geknüpft, als daß nicht doch die rechtlich begründete Ablehnung eines Unterstützungsanspruchs des Invaliden oder seiner Hinterbliebenen möglich wäre. Alles in allem bedeutet die gesetzliche Regelung der formalen Versicherung trotz der ihr anhaftenden Mängel einen anerkennenswerten Fortschritt in der Verwirklichung des Gedankens der sozialen Fürsorge für den Arbeiterstand. Indessen darf dieses soziale Empfinden nie dazu führen, den

Geist des Gesetzes zu einer mißbräuchlichen Auslegung seiner unzweideutigen, konkreten Bestimmungen zu verwenden. Die vom Gesetz bewußt gezogene Grenze der formalen Versicherungsmöglichkeit darf unter keinen Umständen überschritten werden, vielmehr erfordert jeder einzelne Fall eine sorgfältige Prüfung, ob die Voraussetzungen für die gesetzliche Vermutung vorliegen. Andernfalls würde sich gar bald als unausbleibliche Folge das unerträgliche Gefühl einer unsicheren Rechtsanwendung einstellen, das um des festen Vertrauens auf eine zielbewußte Gesetzgebung und Rechtsprechung willen im Keime erstickt werden muß.

FSC
www.fsc.org
MIX
Papier | Fördert
gute Waldnutzung
FSC® C083411

Kolibri 360 GmbH
Ferdinand-Jühlke-Straße 7
99095 Erfurt, Deutschland
produktsicherheit@kolibri360.de